Los Tiempos Verbales en Inglés para Hispanohablantes

Navega el Pasado, el Presente y el Futuro con Confianza

William Kennedy

Bydand Education Ltd. 2024

A todos mis estudiantes, cuyo entusiasmo y
dedicación me inspiran cada día. Este libro es un
homenaje a su perseverancia, curiosidad, y amor por
el aprendizaje. Gracias por permitirme ser parte de su
increíble viaje hacia el dominio del inglés.

Índice

Introducción 10

La Importancia de los Tiempos Verbales en la Comunicación Efectiva 10

Un Vistazo a los 12 Tiempos Verbales en Inglés 12

La Importancia de Entender la Conjugación y el Uso Correcto 14

Consejos para Dominar los Verbos Regulares e Irregulares 15

Cómo Usar Este Libro de Forma Efectiva 17

Viviendo el Ahora: Todo Sobre los Tiempos Verbales del Presente en Inglés 19

El Presente Simple: El Tiempo de las Verdades Universales y Hábitos Diarios 20

Explicación del Tiempo Verbal: Un Análisis Detallado......20

¿Cuándo usar el Presente Simple? 21

Uso del Presente Simple en Inglés y Español 21

Conjugación Completa del Presente Simple.....................22

Formando Preguntas, Negaciones e Imperativos: El Presente Simple en Acción 26

Ponlo en Práctica: Actividades para Dominar el Presente Simple 28

El Presente Progresivo: El Tiempo de las Acciones en Progreso y Planes en Movimiento 31

Explicación del Tiempo Verbal: El Presente Progresivo ...31

¿Cuándo usar el Presente Progresivo? 32

Uso del Presente Progresivo en Inglés y Español 33

Conjugación Completa del Presente Progresivo...............34

Preguntas y Negaciones en el Presente Progresivo.........36

Ponlo en Práctica: Actividades para Dominar el Presente Progresivo 38

El Presente Perfecto: Conectando el Pasado con el Presente 41

Explicación del Tiempo Verbal: El Presente Perfecto 41

¿Cuándo usar el Presente Perfecto? 41

Uso del Presente Perfecto en Inglés y Español 43

Conjugación Completa del Presente Perfecto 44

Preguntas y Negaciones en el Presente Perfecto............47

Ponlo en Práctica: Actividades para Dominar el Presente Perfecto 49

El Presente Perfecto Progresivo: Rastros del Pasado en el Ahora 52

Explicación del Tiempo Verbal: El Presente Perfecto Progresivo 52

¿Cuándo usar el Presente Perfecto Progresivo?.............53

Uso del Presente Perfecto Progresivo en Inglés y Español 54

Conjugación Completa del Presente Perfecto Progresivo 55

Preguntas y Negaciones en el Presente Perfecto Progresivo 57

Ponlo en Práctica: Actividades para Dominar el Presente Perfecto Progresivo 59

Reviviendo el Ayer: Dominando los Tiempos Verbales del Pasado en Inglés 63

El Pasado Simple: Relatos del Ayer 64

Explicación del Tiempo Verbal: El Pasado Simple...........64

¿Cuándo usar el Pasado Simple?.....................................64

Uso del Pasado Simple en Inglés y Español....................65

Conjugación Completa del Pasado Simple 66

Preguntas y Negaciones en el Pasado Simple 69

Ponlo en Práctica: Actividades para Dominar el Pasado Simple 71

El Pasado Progresivo: Acciones en Movimiento en el Pasado 73

Explicación del Tiempo Verbal: El Pasado Progresivo 73

¿Cuándo usar el Pasado Progresivo? 74

Uso del Pasado Progresivo en Inglés y Español 75

Conjugación Completa del Pasado Progresivo.................76

Preguntas y Negaciones en el Pasado Progresivo 79

El Pasado Perfecto: Conexiones entre el Pasado y el "Más Pasado" 83

Explicación del Tiempo Verbal: El Pasado Perfecto 83

¿Cuándo usar el Pasado Perfecto? 83

Uso del Pasado Perfecto en Inglés y Español 85

Conjugación Completa del Pasado Perfecto....................86

Preguntas y Negaciones en el Pasado Perfecto..............88

Ponlo en Práctica: Actividades para Dominar el Pasado Perfecto 89

El Pasado Perfecto Progresivo: La Duración en el Pasado del "Más Pasado" 92

Explicación del Tiempo Verbal: El Pasado Perfecto Progresivo 92

¿Cuándo usar el Pasado Perfecto Progresivo? 93

Uso del Pasado Perfecto Progresivo en Inglés y Español 94

Conjugación Completa del Pasado Perfecto Progresivo ..95

Preguntas y Negaciones en el Pasado Perfecto Progresivo 97

Ponlo en Práctica: Actividades para Dominar el Pasado Perfecto Progresivo..98

Imaginando el Mañana: Todo sobre los Tiempos Verbales del Futuro en Inglés 102

El Futuro Simple: Promesas, Predicciones y Planes 103

Explicación del Tiempo Verbal: El Futuro Simple 103

¿Cuándo usar el Futuro Simple? 103

Uso del Futuro Simple en Inglés y Español 105

Conjugación Completa del Futuro Simple.......................106

Preguntas y Negaciones en el Futuro Simple 108

Ponlo en Práctica: Actividades para Dominar el Futuro Simple 109

El Futuro Progresivo: Acciones en Movimiento en el Tiempo Futuro 112

Explicación del Tiempo Verbal: El Futuro Progresivo 112

¿Cuándo usar el Futuro Progresivo? 112

Uso del Futuro Progresivo en Inglés y Español 114

Preguntas y Negaciones en el Futuro Progresivo 118

Ponlo en Práctica: Actividades para Dominar el Futuro Progresivo 119

El Futuro Perfecto: Completando Acciones Antes del Futuro 122

Explicación del Tiempo Verbal: El Futuro Perfecto 122

¿Cuándo usar el Futuro Perfecto? 123

Uso del Futuro Perfecto en Inglés y Español 124

Conjugación Completa del Futuro Perfecto 125

Preguntas y Negaciones en el Futuro Perfecto 127

Ponlo en Práctica: Actividades para Dominar el Futuro Perfecto 128

El Futuro Perfecto Progresivo: Midiendo la Duración en el Futuro 132

Explicación del Tiempo Verbal: El Futuro Perfecto Progresivo 132

¿Cuándo usar el Futuro Perfecto Progresivo?.................132

Uso del Futuro Perfecto Progresivo en Inglés y Español133

Conjugación Completa del Futuro Perfecto Progresivo..135

Preguntas y Negaciones en el Futuro Perfecto Progresivo

....137

Ponlo en Práctica: Actividades para Dominar el Futuro

Perfecto Progresivo...139

El Subjuntivo en Español y su Ausencia en Inglés.............142

Top 10 Frases Arcaicas con "Subjuntivo" en Inglés y sus

Traducciones al Español...142

Uso del Subjuntivo en Español y su Equivalente en Inglés

....143

Apéndice A: Guía Completa de Conjugación de Verbos

Regulares...144

Verbo: To work (trabajar)...145

Verbo: To play (jugar)...147

Verbo: To talk (hablar)...149

Verb: To watch (mirar)...151

Verb: To clean (limpiar)...153

Apéndice B: Domina los Verbos Irregulares en Todos los

Tiempos...156

Tabla de Verbos Irregulares en Inglés.........................157

Apéndice C: Claves de Respuesta para las Actividades.........162

Clave de Respuestas: Ponlo en Práctica: Actividades para Dominar el Presente Simple 162

Clave de Respuestas: Ponlo en Práctica: Actividades para Dominar el Presente Progresivo 164

Clave de Respuestas: Ponlo en Práctica: Actividades para Dominar el Presente Perfecto 165

Clave de Respuestas: Ponlo en Práctica: Actividades para Dominar el Presente Perfecto Progresivo 166

Clave de Respuestas: Ponlo en Práctica: Actividades para Dominar el Pasado Simple 168

Clave de Respuestas: Ponlo en Práctica: Actividades para Dominar el Pasado Progresivo 169

Clave de Respuestas: Ponlo en Práctica: Actividades para Dominar el Pasado Perfecto 171

Clave de Respuestas: Ponlo en Práctica: Actividades para Dominar el Pasado Perfecto Progresivo 172

Clave de Respuestas: Ponlo en Práctica: Actividades para Dominar el Futuro Simple 174

Clave de Respuestas: Ponlo en Práctica: Actividades para Dominar el Futuro Progresivo 176

Clave de Respuestas: Ponlo en Práctica: Actividades para Dominar el Futuro Perfecto 177

Clave de Respuestas: Ponlo en Práctica: Actividades para Dominar el Futuro Perfecto Continuo 180

Apéndice D: Episodios del Podcast: Tu Guía de Audio 182

Cerrando el Ciclo: Tu Viaje con los Tiempos Verbales............186

Introducción

La Importancia de los Tiempos Verbales en la Comunicación Efectiva

Los tiempos verbales son la base fundamental para una comunicación clara y precisa en cualquier idioma. En inglés, dominar los tiempos verbales no solo permite transmitir ideas de manera efectiva, sino también ayuda a construir conexiones significativas entre lo que ocurre en el pasado, el presente y el futuro. Cada tiempo verbal tiene un papel específico en el lenguaje, y entender cómo funcionan te permitirá expresarte con confianza y exactitud.

Imagina intentar describir una experiencia pasada sin saber cómo formar el pasado simple, o explicar un plan futuro sin usar el futuro progresivo. Los tiempos verbales son como una guía que organiza el caos del tiempo, dando estructura y orden a nuestras ideas. Sin ellos, las frases pueden volverse confusas o imprecisas, lo que puede dificultar que otros entiendan lo que realmente queremos decir.

Pero no se trata solo de gramática. Los tiempos verbales también reflejan cómo los hablantes de inglés perciben el tiempo y las acciones. Por ejemplo, el uso del presente perfecto conecta el pasado con el presente de una manera que no siempre tiene un equivalente exacto en español. Estas diferencias culturales y lingüísticas hacen que aprender los tiempos verbales no sea solo una cuestión de reglas, sino también una oportunidad para entender mejor el idioma y la cultura.

Este libro está diseñado para guiarte a través de los 12 tiempos verbales del inglés con explicaciones claras, ejemplos prácticos y comparaciones con el español. Con cada capítulo, descubrirás cómo usar cada tiempo verbal con precisión, evitando los errores comunes y aprendiendo a comunicarte de manera natural. Prepárate para embarcarte en un viaje donde el tiempo no será un obstáculo, sino una herramienta poderosa para tu aprendizaje.

Un Vistazo a los 12 Tiempos Verbales en Inglés

En inglés, los 12 tiempos verbales se dividen en tres grandes categorías: pasado, presente y futuro. Cada una de estas categorías se subdivide en cuatro formas que describen acciones de maneras específicas:

1. **Simple:** Utilizado para hechos generales, acciones completadas o eventos futuros programados.

   - Ejemplo: *I walk to work.* (Presente simple) / *She visited yesterday.* (Pasado simple) / *They will travel tomorrow.* (Futuro simple)

2. **Progresivo:** Enfocado en acciones en progreso en un momento específico.

   - Ejemplo: *I am studying now.* (Presente progresivo) / *They were playing soccer.* (Pasado progresivo) / *We will be eating at 8 PM.* (Futuro progresivo)

3. **Perfecto:** Indica acciones completadas en
   relación con otro punto en el tiempo.

   - Ejemplo: *He has finished his homework.*
     (Presente perfecto) / *We had left before
     it started to rain.* (Pasado perfecto) /
     *She will have completed the report by
     Monday.* (Futuro perfecto)

4. **Perfecto Progresivo:** Combina duración y
   completitud para mostrar acciones en progreso
   antes de un punto en el tiempo.

   - Ejemplo: *I have been reading for two
     hours.* (Presente perfecto progresivo) /
     They had been waiting for an hour.
     (Pasado perfecto progresivo) / *By this
     time next year, I will have been working
     here for a decade.* (Futuro perfecto
     progresivo)

Cada tiempo tiene un rol único en la comunicación,
permitiendo a los hablantes describir situaciones con
precisión y detalle. A lo largo de este libro,
exploraremos cada uno en profundidad, con ejemplos
prácticos y comparaciones con el español que harán
que su aprendizaje sea claro y aplicable.

Este conocimiento no solo te ayudará a construir frases correctas, sino también a comprender mejor las estructuras que escuchas en conversaciones, libros y medios en inglés. ¡Es hora de dominar los tiempos verbales y desbloquear un nuevo nivel de fluidez!

La Importancia de Entender la Conjugación y el Uso Correcto

Aprender un idioma es mucho más que memorizar vocabulario; implica también entender cómo las palabras se transforman para transmitir tiempo, intención y contexto. En inglés, la conjugación de los verbos es especialmente importante porque es el pilar que conecta las ideas entre el sujeto, el tiempo y la acción. Dominar la conjugación no solo te ayudará a construir frases gramaticalmente correctas, sino también a hablar con claridad y confianza.

Por ejemplo, confundir un tiempo verbal como *"She goes"* con *"She went"* puede cambiar completamente el significado de tu frase, llevando a malentendidos. Conocer las reglas de conjugación, tanto para verbos regulares como irregulares, te permitirá evitar errores comunes y comunicarte de manera más precisa.

Además, entender el uso correcto de los tiempos verbales va más allá de las reglas gramaticales. Incluye saber cuándo y cómo emplear cada tiempo para adaptarte al contexto y transmitir el mensaje adecuado. Por ejemplo, el presente perfecto, que conecta el pasado con el presente, se utiliza de forma diferente en inglés que en español. Este tipo de comprensión cultural y lingüística es clave para alcanzar la fluidez.

En este libro, no solo aprenderás cómo conjugar los verbos en los 12 tiempos, sino también cómo utilizarlos de manera efectiva. Con ejercicios prácticos, ejemplos claros y comparaciones con el español, estarás equipado para dominar este aspecto fundamental del idioma. ¡Prepárate para transformar tu inglés y comunicarte con precisión en cualquier situación!

Consejos para Dominar los Verbos Regulares e Irregulares

Los verbos regulares en inglés tienen una ventaja: siguen patrones predecibles al conjugarse en diferentes tiempos verbales. Por ejemplo, basta con añadir **-ed** para formar el pasado simple y el participio pasado: *"walk"* se convierte en *"walked"*. Este tipo de consistencia facilita mucho el aprendizaje.

Por otro lado, los verbos irregulares no siguen un patrón específico, lo que puede parecer desafiante al principio. Sin embargo, muchos de ellos son verbos comunes, lo que significa que los escucharás y usarás con frecuencia. Además, muchos verbos irregulares son "regulares en su irregularidad", ya que pueden agruparse en categorías con patrones similares, lo que facilita su memorización. Aprenderlos en contexto, identificando estos patrones, y con ejemplos prácticos te ayudará a recordarlos.

En este libro, exploraremos estrategias específicas para abordar ambos tipos de verbos. A medida que avancemos, verás que los verbos regulares son una base sólida para construir tu confianza, mientras que dominar los irregulares será un paso hacia un mayor dominio del inglés. ¡Estás en el camino correcto y pronto comprenderás que incluso los verbos irregulares tienen sus propias sorpresas y lógica!

Cómo Usar Este Libro de Forma Efectiva

Cada capítulo de este libro está diseñado para desglosar un tiempo verbal específico y ayudarte a entenderlo completamente. Aquí tienes una visión general de lo que encontrarás en cada capítulo:

1. **Explicación del tiempo verbal:** Un análisis detallado del tiempo en cuestión, incluyendo cómo y cuándo usarlo, y sus diferencias clave con el español.

2. **Conjugación completa:** Una guía exhaustiva de cómo conjugar tanto verbos regulares como irregulares en ese tiempo, abarcando todas las personas gramaticales.

3. **Uso en preguntas y negaciones:** Cómo formular preguntas de tipo WH y de sí/no, así como cómo construir oraciones negativas.

4. **Uso en imperativos:** Explicación del uso del tiempo verbal en comandos o instrucciones.

5. **Actividades prácticas:** Ejercicios diseñados para reforzar lo aprendido, desde completar frases hasta crear tus propias oraciones.

Además, el libro incluye un apéndice con respuestas a los ejercicios, tablas de conjugación y enlaces a episodios del pódcast para profundizar en los conceptos clave. Te recomendamos avanzar a tu propio ritmo y repetir las actividades según lo necesites. ¡Con este enfoque, estarás en el camino correcto para dominar los tiempos verbales en inglés!

Viviendo el Ahora: Todo Sobre los Tiempos Verbales del Presente en Inglés

El Presente Simple: El Tiempo de las Verdades Universales y Hábitos Diarios

Explicación del Tiempo Verbal: Un Análisis Detallado

El presente simple es uno de los tiempos más fundamentales en inglés y se utiliza para expresar hechos generales, verdades universales, hábitos, y rutinas diarias. A pesar de su simplicidad aparente, su uso correcto puede ser un desafío para los hablantes de español debido a diferencias clave en cómo se emplea en ambos idiomas.

En inglés, el presente simple se forma usando la base del verbo para todas las personas excepto la tercera persona singular, que añade una **-s** o **-es** al final del verbo. Por ejemplo:

- *I walk to school every day.* (Camino a la escuela todos los días.)
- *She walks to school every day.* (Ella camina a la escuela todos los días.)

¿Cuándo usar el Presente Simple?

El presente simple se utiliza para expresar hechos generales, verdades universales, hábitos diarios, rutinas, y eventos programados. Es una herramienta clave para describir acciones que no están limitadas a un momento en particular.

Hechos Generales y Verdades Universales:

The Earth revolves around the Sun.

Water boils at 100°C.

Rutinas y Hábitos:

I always drink coffee in the morning.

They play soccer on Saturdays.

Horarios Fijos o Eventos Programados:

The train leaves at 9 AM.

The show starts at 7 PM.

Opiniones y Sentimientos:

I think it's a great idea.

She likes the new restaurant.

Uso del Presente Simple en Inglés y Español

En su uso básico, el presente simple en inglés coincide casi por completo con su equivalente en español. Frases como:

"The movie starts at 7 PM." se traduce directamente como *"La película empieza a las 7."*

"I think it's a great idea." se traduce como *"Creo que es una gran idea."*

Esta similitud facilita mucho el aprendizaje de este tiempo verbal para los hispanohablantes, ya que las reglas de uso son prácticamente las mismas. La principal diferencia radica en la conjugación, especialmente en la tercera persona singular, que requiere agregar **-s** o **-es** en inglés.

Conjugación Completa del Presente Simple

El presente simple es uno de los tiempos verbales más utilizados en inglés. Para aprender a usarlo de manera efectiva, es esencial dominar la conjugación tanto de los verbos regulares como de los irregulares. Aunque los verbos irregulares no siguen un patrón uniforme en otros tiempos, en el presente simple son regulares en el sentido de que siguen la misma regla fundamental: añadir **-s** o **-es** en la tercera persona del singular.

Verbos Regulares

La conjugación de verbos regulares en el presente simple es sencilla:

Para todas las personas excepto la tercera persona singular, se utiliza la forma base del verbo.

Para la tercera persona singular, se añade **-s** o **-es** al final del verbo dependiendo de la terminación.

Ejemplos clave:

To work (trabajar)

- I work
- You work
- He/She/It works
- We work
- They work

To watch (mirar)

- I watch
- You watch
- He/She/It watches *(se añade -es porque termina en -ch)*
- We watch
- They watch

To study (estudiar)

- I study
- You study
- He/She/It studies *(se cambia la -y por -ies porque termina en consonante + y)*
- We study
- They study

Reglas adicionales:

Para verbos terminados en **-o**, **-sh**, **-ch**, **-ss**, **-x** o **-z**, se añade **-es** (e.g., *go → goes, fix → fixes*).

Para verbos terminados en consonante + **y**, se cambia la **y** por **-ies** (e.g., *study → studies*).

Verbos Irregulares

En el presente simple, los verbos irregulares no presentan alteraciones en la base verbal, salvo la adición de **-s** o **-es** en la tercera persona del singular, al igual que los regulares.

Ejemplos clave:

To have (tener)

- I have

- You have
- He/She/It has *(excepción a la regla)*
- We have
- They have

To go (ir)

- I go
- You go
- He/She/It goes *(se añade -es por terminar en -o)*
- We go
- They go

To do (hacer)

- I do
- You do
- He/She/It does *(se añade -es por terminar en -o)*
- We do
- They do

Aunque los verbos como **to have** tienen excepciones en su forma, siguen siendo regulares en el contexto del presente simple debido a la consistencia con la regla de la tercera persona singular.

Formando Preguntas, Negaciones e Imperativos: El Presente Simple en Acción

El presente simple no solo se utiliza para hacer declaraciones, sino que también es clave para formular preguntas, expresar negaciones y dar instrucciones. Aquí exploramos cómo dominar estas estructuras esenciales.

Formación de Preguntas

En inglés, las preguntas en presente simple requieren el uso del auxiliar **do** o **does** (para tercera persona singular) antes del sujeto. La forma base del verbo permanece intacta.

- **Preguntas de Sí/No:**

    - *Do you like coffee?* (¿Te gusta el café?)

    - *Does she work here?* (¿Ella trabaja aquí?)

- **Preguntas WH:**

    Cuando usamos palabras como *what*, *where*, *when*, *why*, *who*, o *how*, estas se colocan al principio de la oración:

- o *Where do they live?* (¿Dónde viven?)

- o *What does he want?* (¿Qué quiere él?)

Nota: En español, las preguntas suelen formarse cambiando la entonación, pero en inglés, el uso del auxiliar es obligatorio.

Negaciones

Para negar algo en presente simple, se usa **do not (don't)** o **does not (doesn't)** antes de la forma base del verbo.

- *I don't like tea.* (No me gusta el té.)

- *She doesn't eat meat.* (Ella no come carne.)

Esto es diferente al español, donde simplemente se añade **no** antes del verbo: *No me gusta el té.*

Imperativos

Los imperativos en presente simple son directos y no requieren sujeto, ya que se dirigen directamente al oyente. La forma base del verbo se utiliza sin cambios.

- *Open the door.* (Abre la puerta.)

- *Don't touch that!* (¡No toques eso!)

En español, los imperativos requieren conjugaciones específicas según la persona y el nivel de formalidad, mientras que en inglés el imperativo es uniforme, con **don't** para expresar negación.

Ponlo en Práctica: Actividades para Dominar el Presente Simple

Actividad 1: Completa las Frases

Completa las siguientes oraciones con la forma correcta del verbo en paréntesis:

1. *(go)* She _______ to the gym every morning.

2. *(not like)* We _______ spicy food.

3. *(watch)* _______ they _______ TV every night?

4. *(chase)* The cat _______ the mouse in the garden.

5. *(play)* _______ your brother _______ soccer on Saturdays?

Actividad 2: Preguntas y Negaciones

Convierte las siguientes oraciones afirmativas en:

1. una oración negativa,

2. una pregunta de sí/no, y

3. una pregunta con *WH*.

Escribe tu respuesta en las líneas provistas.

1. He works at the hospital.

   o **Negación:**

   ____

   ____

   o **Pregunta Sí/No:**

   ____

   ____

   o **Pregunta WH:**

   ____

   ____

2. They visit their grandparents on weekends.

   o **Negación:**

   ____

   ____

○ **Pregunta Sí/No:**

____

____

○ **Pregunta WH:**

____

____

3. Maria studies English every day.

○ **Negación:**

____

____

○ **Pregunta Sí/No:**

____

____

○ **Pregunta WH:**

____

____

Actividad 3: Encuentra y Corrige los Errores

Cada oración contiene uno o más errores en la conjugación. Encuentra los errores y reescribe la oración correctamente en la línea provista.

1. He don't likes pizza.

---

2. Does she walks to school every day?

---

3. They doesn't play basketball.

El Presente Progresivo: El Tiempo de las Acciones en Progreso y Planes en Movimiento

Explicación del Tiempo Verbal: El Presente Progresivo

El presente progresivo es una herramienta esencial en inglés para describir acciones que están ocurriendo en este preciso momento o que están en progreso. También se utiliza para hablar de planes futuros ya establecidos, lo que lo convierte en un tiempo muy versátil y dinámico. Este tiempo verbal, formado por el verbo *to be* más un verbo con terminación *-ing*, es especialmente útil para enfatizar el carácter temporal de una acción.

¿Cuándo usar el Presente Progresivo?

Acciones en Progreso en el Momento Actual:

El presente progresivo se utiliza para describir algo que está sucediendo ahora mismo:

She is studying for her exams. (Ella está estudiando para sus exámenes.)

They are playing soccer in the park. (Ellos están jugando fútbol en el parque.)

Acciones Temporales:

También se emplea para actividades o situaciones que son temporales, aunque no necesariamente estén ocurriendo en este instante:

I am staying with my cousin this week. (Me estoy quedando con mi primo esta semana.)

Planes Futuros Confirmados:

Se usa para hablar de planes concretos o eventos que están ya organizados:

We are traveling to Madrid next month. (Viajaremos a Madrid el próximo mes.)

She is meeting her friends tomorrow. (Ella se reunirá con sus amigos mañana.)

Uso del Presente Progresivo en Inglés y Español

En español, el presente progresivo (o progresivo) también se usa para describir acciones en progreso, lo que hace que su uso coincida en gran medida con el inglés. Por ejemplo:

Estoy comiendo ahora. = I am eating now.

Sin embargo, en español no es común emplear el presente progresivo para hablar de planes futuros. En este caso, se usarían otras construcciones, como *voy a* o el futuro simple:

Voy a viajar a Madrid el próximo mes. (En lugar de *Estoy viajando a Madrid el próximo mes.*)

Esta diferencia es importante para evitar confusiones al intentar traducir directamente desde el español al inglés.

Conjugación Completa del Presente Progresivo

El presente progresivo se forma combinando el verbo auxiliar **to be** (am, is, are) con el **gerundio** del verbo principal, que se obtiene añadiendo **-ing** a la forma base del verbo. Aquí te mostramos cómo conjugarlo correctamente con ejemplos tanto de verbos regulares como irregulares.

Verbos Regulares

Para los verbos regulares, el gerundio se forma simplemente añadiendo **-ing** al verbo base.

Ejemplos clave:

To work (trabajar)

- I am working
- You are working
- He/She/It is working
- We are working
- They are working

To play (jugar)

- I am playing
- You are playing
- He/She/It is playing
- We are playing
- They are playing

Nota: Algunas reglas ortográficas se aplican:

Verbos terminados en **-e** silenciosa eliminan la **e** antes de añadir **-ing**:

make → making, write → writing

Verbos de una sílaba terminados en consonante duplican la última consonante:

run → running, sit → sitting

Verbos Irregulares

Aunque se les llama "irregulares", estos verbos siguen las mismas reglas de formación del gerundio en el presente progresivo.

Ejemplos clave:

To go (ir)

- I am going

- You are going

- He/She/It is going

- We are going

- They are going

To do (hacer)

- I am doing

- You are doing

- He/She/It is doing

- We are doing

- They are doing

To be (ser/estar): Como auxiliar, este verbo se conjuga de manera normal y no utiliza el presente progresivo como verbo principal.

Preguntas y Negaciones en el Presente Progresivo

El presente progresivo no solo es útil para describir acciones en progreso, sino también para hacer preguntas específicas y negar hechos de forma clara. A continuación, exploramos cómo usar este tiempo verbal en estas estructuras esenciales.

Formación de Preguntas

Para hacer preguntas en presente progresivo, simplemente invierte el orden del sujeto y el verbo auxiliar **to be**. El verbo principal permanece en gerundio.

Preguntas de Sí/No:

- *Is she studying right now?* (¿Está estudiando ahora?)
- *Are they playing soccer in the park?* (¿Están jugando fútbol en el parque?)

Preguntas WH:

Cuando se utilizan palabras interrogativas como *what*, *where*, *why*, *when*, *who*, o *how*, estas se colocan al principio de la oración:

- *What are you doing?* (¿Qué estás haciendo?)
- *Where is he going?* (¿A dónde va él?)

Negaciones

Para negar en presente progresivo, simplemente añade **not** después del verbo auxiliar **to be**.

- *I am not working today.* (No estoy trabajando hoy.)
- *She is not watching TV right now.* (Ella no está viendo televisión ahora mismo.)
- *We are not planning a trip this weekend.* (No estamos planeando un viaje este fin de semana.)

Nota: En inglés hablado, es común usar las formas contraídas:

- *I'm not, She isn't, They aren't.*

Ponlo en Práctica: Actividades para Dominar el Presente Progresivo

Actividad 1: Completa las Oraciones

Llena los espacios en blanco con la forma correcta del presente progresivo del verbo entre paréntesis:

1. *(study)* She _______ for her English exam right now.
2. *(not work)* We _______ on the project today.
3. *(play)* _______ they _______ video games in the living room?
4. *(go)* He _______ to the supermarket at this moment.

5. *(watch)* What ______ you ______ on TV?

Actividad 2: Convierte las Oraciones

Para cada oración afirmativa, escribe:

- una negación,
- una pregunta de sí/no, y
- una pregunta *WH*.

1. *She is cooking dinner.*

Negación:

____

Pregunta Sí/No:

____

Pregunta WH:

____

2. *They are practicing the piano.*

Negación:

____

Pregunta Sí/No:

____

Pregunta WH:

____

3. *He is reading a book.*

Negación:

____

Pregunta Sí/No:

____

Pregunta WH:

____

Actividad 3: Encuentra y Corrige los Errores

Cada oración tiene uno o más errores. Encuentra y corrige cada uno escribiendo la versión correcta en la línea provista.

1. *She are not writing a letter.*

____

2. *What you doing right now?*

____

3. They isn't playing football outside.

El Presente Perfecto: Conectando el Pasado con el Presente

Explicación del Tiempo Verbal: El Presente Perfecto

El presente perfecto es un tiempo verbal único en inglés que conecta el pasado con el presente. Se utiliza para hablar de experiencias, acciones recientes, o situaciones que comenzaron en el pasado y tienen relevancia en el presente. Este tiempo se forma utilizando el verbo auxiliar **to have** (have/has) seguido del participio pasado del verbo principal.

¿Cuándo usar el Presente Perfecto?

Acciones Completadas con Relevancia Presente:

Este uso destaca acciones que ya han sucedido pero que tienen importancia ahora.

- *I have finished my homework.* (He terminado mi tarea.)
- *She has already left.* (Ella ya se ha ido.)

Experiencias de Vida:

Se emplea para hablar de experiencias en general, sin especificar cuándo ocurrieron.

- *Have you ever traveled to Japan?* (¿Has viajado alguna vez a Japón?)
- *I have seen that movie before.* (He visto esa película antes.)

Acciones que Comenzaron en el Pasado y Continúan en el Presente:

Este uso destaca la duración de una acción en curso.

- *I have lived here for ten years.* (He vivido aquí durante diez años.)
- *They have been friends since childhood.* (Han sido amigos desde la infancia.)

Acciones Recientes con Impacto Presente:

Utilizado para hablar de algo que acaba de suceder, generalmente acompañado de palabras como *just*, *already*, o *yet*.

- *He has just arrived.* (Acaba de llegar.)
- *I haven't finished my coffee yet.* (Todavía no he terminado mi café.)

Uso del Presente Perfecto en Inglés y Español

En español, el presente perfecto tiene un uso similar, especialmente en el español de España, donde se emplea con frecuencia para acciones recientes:

- *He comido. = I have eaten.*

Sin embargo, en muchas variedades de español latinoamericano, el pretérito (pasado simple) se utiliza en lugar del presente perfecto para referirse a eventos completados:

- *Comí. = I have eaten.*

Además, en inglés, el presente perfecto se usa más estrictamente para conectar el pasado con el presente, mientras que en español estas conexiones pueden depender más del contexto. Esto puede llevar a confusiones para los hispanohablantes al aprender inglés, pero entender estas diferencias es clave para dominar el tiempo verbal.

Conjugación Completa del Presente Perfecto

El presente perfecto se construye utilizando el verbo auxiliar **to have** en presente (have/has) seguido del **participio pasado** del verbo principal. Este tiempo es sencillo de formar, pero requiere atención especial al aprendizaje de los participios de los verbos irregulares.

Verbos Regulares

Los participios pasados de los verbos regulares se forman añadiendo **-ed** al final de la base del verbo.

Ejemplos clave:

To work (trabajar)

- I have worked
- You have worked
- He/She/It has worked

- We have worked

- They have worked

To play (jugar)

- I have played

- You have played

- He/She/It has played

- We have played

- They have played

Nota: Las mismas reglas de ortografía que se aplican en el pasado simple se utilizan aquí:

Los verbos terminados en **-e** simplemente añaden **-d**:

- *live → lived, love → loved*

Los verbos terminados en consonante doblan la última consonante:

- *stop → stopped, plan → planned*

Verbos Irregulares

Los verbos irregulares tienen participios pasados que no siguen un patrón específico, lo que significa que deben memorizarse. Sin embargo, en el presente perfecto, todos los verbos (regulares e irregulares) siguen las mismas reglas con el auxiliar **to have**.

Ejemplos clave:

To go (ir)

- I have gone
- You have gone
- He/She/It has gone
- We have gone
- They have gone

To do (hacer)

- I have done
- You have done
- He/She/It has done
- We have done
- They have done

To see (ver)

- I have seen
- You have seen
- He/She/It has seen
- We have seen
- They have seen

To be (ser/estar)

- I have been
- You have been
- He/She/It has been
- We have been
- They have been

Preguntas y Negaciones en el Presente Perfecto

El presente perfecto se utiliza no solo para describir hechos, sino también para formular preguntas claras y expresar negaciones con precisión. Aquí exploramos cómo manejar estas estructuras esenciales de manera efectiva.

Formación de Preguntas

Para hacer preguntas en el presente perfecto, coloca el auxiliar **have** o **has** antes del sujeto, seguido por el participio pasado del verbo principal.

Preguntas de Sí/No:

- *Have you finished your homework? (¿Has terminado tu tarea?)*

- *Has she traveled to Paris? (¿Ha viajado a París?)*

Preguntas WH:

Cuando se usan palabras interrogativas (*what*, *where*, *why*, *when*, *who*, o *how*), estas van al inicio de la oración:

- *What have you done today? (¿Qué has hecho hoy?)*

- *Where has he gone? (¿A dónde se ha ido él?)*

Nota: En español, el orden de las palabras para preguntas es más flexible y no requiere un auxiliar, lo que puede ser una diferencia importante para los estudiantes.

Negaciones

Para negar en el presente perfecto, simplemente añade **not** después del auxiliar **have** o **has**.

- *I have not finished my book yet. (No he terminado mi libro todavía.)*

- *She has not been to the new restaurant.* (Ella no ha ido al nuevo restaurante.)

Formas Contraídas:

En inglés hablado o informal, es común usar las contracciones:

- *I haven't, he hasn't, they haven't.*

Usos Combinados: Preguntas Negativas

El presente perfecto también permite formular preguntas negativas:

- *Haven't you finished your project?* (¿No has terminado tu proyecto?)
- *Hasn't she called yet?* (¿Ella no ha llamado todavía?)

Ponlo en Práctica: Actividades para Dominar el Presente Perfecto

Refuerza lo aprendido sobre el presente perfecto con estas actividades dinámicas y prácticas.

Actividad 1: Completa las Oraciones

Llena los espacios en blanco con la forma correcta
del presente perfecto del verbo entre paréntesis:

1. *(read)* She _______ three books this month.
2. *(not visit)* We _______ that museum yet.
3. *(eat)* _______ you ever _______ sushi?
4. *(travel)* He _______ to five different countries
   this year.
5. *(see)* They _______ the new movie already.

Actividad 2: Convierte las Oraciones

Para cada oración afirmativa, escribe:

- una negación,
- una pregunta de sí/no, y
- una pregunta *WH*.
1. *She has cleaned the house.*

Negación:

____

Pregunta Sí/No:

____

Pregunta WH:

____

2. *They have visited New York.*

Negación:

____

Pregunta Sí/No:

____

Pregunta WH:

____

3. *He has written a letter.*

Negación:

____

Pregunta Sí/No:

____

Pregunta WH:

____

Actividad 3: Encuentra y Corrige los Errores

Cada oración tiene uno o más errores. Encuentra y corrige cada uno escribiendo la versión correcta en la línea provista.

1. *They has finished the project.*

———————————————————————

2. *Has you spoke to her yet?*

———————————————————————

3. *I haven't never been to that restaurant.*

———————————————————————

El Presente Perfecto Progresivo: Rastros del Pasado en el Ahora

Explicación del Tiempo Verbal: El Presente Perfecto Progresivo

El presente perfecto progresivo es un tiempo verbal que combina la idea de acción continua con un enfoque en el impacto presente. Se utiliza para describir acciones que comenzaron en el pasado y continúan hasta el presente, o que acaban de terminar pero cuyos efectos todavía son evidentes.

Este tiempo se forma utilizando el verbo auxiliar **to have** en presente (have/has), seguido de **been** y el verbo principal en gerundio (forma -ing).

¿Cuándo usar el Presente Perfecto Progresivo?

Acciones que Comenzaron en el Pasado y Aún Continúan:

Este uso subraya la duración de una acción que sigue en progreso.

- *She has been studying for three hours.* (Ella ha estado estudiando durante tres horas.)
- *We have been waiting for the bus since 8 AM.* (Hemos estado esperando el autobús desde las 8 AM.)

Acciones Recientes con Resultados Evidentes:

Enfatiza que algo que acaba de terminar tuvo un impacto observable.

- *He is tired because he has been running.* (Está cansado porque ha estado corriendo.)

- *They have been painting the house; it still smells like paint.* (Han estado pintando la casa; todavía huele a pintura.)

Uso del Presente Perfecto Progresivo en Inglés y Español

En español, el presente perfecto progresivo tiene un equivalente similar con el uso de estructuras como el presente perfecto (*he estado estudiando*) y el presente progresivo (*estoy estudiando*), aunque estas estructuras suelen incluir marcadores de duración para enfatizar el tiempo transcurrido. Por ejemplo, *He estado estudiando por tres horas* se corresponde directamente con *I have been studying for three hours*. Sin embargo, para oraciones como *He is tired because he has been running*, podría traducirse como *Está cansado porque estuvo corriendo* o *Está cansado porque ha estado corriendo* dependiendo del contexto.

- *He estado estudiando por tres horas. = I have been studying for three hours.*

- *Espero el autobús desde las 8 AM. = I have been waiting for the bus since 8 AM.*

Esta diferencia puede resultar confusa, pero al reconocer la necesidad de enfatizar la continuidad en inglés, el uso del presente perfecto progresivo se vuelve más claro.

Conjugación Completa del Presente Perfecto Progresivo

El presente perfecto progresivo se construye con el verbo auxiliar **to have** (have/has), seguido de **been** y el gerundio del verbo principal. Es importante aprender las reglas para formar el gerundio y comprender cómo usarlo con verbos regulares e irregulares.

Verbos Regulares

Para los verbos regulares, el gerundio se forma añadiendo **-ing** al verbo base.

Ejemplos clave:

To work (trabajar)

- I have been working
- You have been working
- He/She/It has been working
- We have been working
- They have been working

To watch (mirar)

- I have been watching
- You have been watching
- He/She/It has been watching
- We have been watching
- They have been watching

Verbos Irregulares

En el presente perfecto progresivo, los verbos irregulares siguen las mismas reglas para formar el gerundio que los regulares. Las irregularidades en el pasado o participio no afectan al gerundio.

Ejemplos clave:

To go (ir)

- I have been going
- You have been going

- He/She/It has been going

- We have been going

- They have been going

To do (hacer)

- I have been doing

- You have been doing

- He/She/It has been doing

- We have been doing

- They have been doing

To drink (beber)

- I have been drinking

- You have been drinking

- He/She/It has been drinking

- We have been drinking

- They have been drinking

Preguntas y Negaciones en el Presente Perfecto Progresivo

Formación de Preguntas

Para hacer preguntas, coloca el auxiliar **have** o **has** antes del sujeto, seguido de **been** y el gerundio del verbo principal.

Preguntas de Sí/No:

- *Have you been studying for long?* (¿Has estado estudiando mucho tiempo?)
- *Has she been working here for a year?* (¿Ha estado trabajando aquí durante un año?)

Preguntas WH: Las preguntas con *what, where, why,* etc., siguen el mismo patrón.

- *What have you been doing all day?* (¿Qué has estado haciendo todo el día?)
- *Why has he been waiting outside?* (¿Por qué ha estado esperando afuera?)

Negaciones

Para negar algo, simplemente añade **not** después del auxiliar **have** o **has**.

- *I have not been feeling well.* (No me he estado sintiendo bien.)

- *She has not been practicing the piano.* (Ella no ha estado practicando el piano.)

Formas Contraídas:

- *haven't been, hasn't been*

Ponlo en Práctica: Actividades para Dominar el Presente Perfecto Progresivo

Actividad 1: Completa las Oraciones

Llena los espacios en blanco con la forma correcta del presente perfecto progresivo del verbo entre paréntesis:

(read) She ______ ______ ______ the same book all afternoon.

(work) We ______ ______ ______ on this project for weeks.

(not sleep) He ______ ______ ______ well lately.

(wait) ______ you ______ ______ for the bus for long?

(study) What ______ she ______ ______ for her exams?

Actividad 2: Convierte las Oraciones

Para cada oración afirmativa, escribe:

- una negación,
- una pregunta de sí/no, y
- una pregunta *WH*.

1. *She has been cleaning the house.*

Negación:

____

Pregunta Sí/No:

____

Pregunta WH:

____

2. *They have been practicing their English.*

Negación:

____

Pregunta Sí/No:

____

Pregunta WH:

____

3. *He has been watching TV.*

Negación:

____

Pregunta Sí/No:

____

Pregunta WH:

____

Actividad 3: Encuentra y Corrige los Errores

Cada oración contiene uno o más errores. Encuentra
y corrige cada uno escribiendo la versión correcta en
la línea provista.

1. He haven't been working hard lately.

____

2. What has they been doing all morning?

____

3. They has been playing football since
    lunchtime.

____

Reviviendo el Ayer: Dominando los Tiempos Verbales del Pasado en Inglés

El Pasado Simple: Relatos del Ayer

Explicación del Tiempo Verbal: El Pasado Simple

El pasado simple es un tiempo verbal fundamental en inglés que se utiliza para describir acciones, eventos o estados que ocurrieron y finalizaron en el pasado. Es la base para contar historias, hablar de experiencias y relatar hechos pasados.

Este tiempo se forma de manera diferente para los verbos regulares e irregulares. Los verbos regulares añaden **-ed** al final, mientras que los irregulares tienen formas específicas que deben memorizarse.

¿Cuándo usar el Pasado Simple?

Acciones Completadas en el Pasado:

Se usa para describir eventos o acciones que comenzaron y terminaron en un momento específico en el pasado.

- *I visited my grandparents last weekend.* (Visité a mis abuelos el fin de semana pasado.)
- *She watched a movie yesterday.* (Ella vio una película ayer.)

Secuencia de Eventos Pasados:

Es ideal para relatar historias o describir eventos en el orden en que ocurrieron.

- *He woke up, brushed his teeth, and left for work.* (Se despertó, se cepilló los dientes y salió al trabajo.)

Acciones Habituales en el Pasado:

Para hablar de hábitos o rutinas que ya no ocurren.

- *They always walked to school when they were kids.* (Siempre caminaban a la escuela cuando eran niños.)

Uso del Pasado Simple en Inglés y Español

El pasado simple en inglés corresponde al pretérito perfecto simple en español (*comí, fui, dije*). Ambos se utilizan para describir acciones completadas en el pasado, frecuentemente acompañadas de marcadores temporales como *ayer, la semana pasada* o *hace tres días.*

Ejemplos con marcadores de tiempo:

- *I ate an apple yesterday. = Comí una manzana ayer.*
- *They visited their grandparents last weekend. = Visitaron a sus abuelos el fin de semana pasado.*

En ambos idiomas, el pasado simple es fundamental para narrar historias, relatar eventos y hablar de hechos pasados. Aunque los detalles de conjugación y gramática puedan variar, su uso para comunicar acciones terminadas en el pasado es esencialmente el mismo.

Conjugación Completa del Pasado Simple

El pasado simple tiene reglas claras para los verbos regulares, mientras que los verbos irregulares requieren memorización. Veamos ambos casos.

Verbos Regulares

Para los verbos regulares, simplemente añade **-ed** al final del verbo base. En algunos casos, las reglas de ortografía deben ajustarse:

Verbos que terminan en **-e**: Solo se añade **-d**.

- *live → lived*
- *love → loved*

Verbos que terminan en consonante-vocal-consonante: Dobla la consonante final antes de añadir **-ed** (excepto si el acento no recae en la última sílaba).

- *stop → stopped*
- *plan → planned*

Verbos que terminan en **-y**: Cambia la **y** por **i** antes de añadir **-ed**.

- *study → studied*
- *cry → cried*

Ejemplos clave:

To work (trabajar)

- I worked
- You worked

- He/She/It worked

- We worked

- They worked

To watch (mirar)

- I watched

- You watched

- He/She/It watched

- We watched

- They watched

Verbos Irregulares

Los verbos irregulares tienen formas específicas para el pasado simple que deben memorizarse. No siguen un patrón general, pero se usan de la misma manera que los regulares en la estructura de la oración.

Ejemplos clave:

To go (ir)

- I went

- You went

- He/She/It went

- We went

- They went

To do (hacer)

- I did
- You did
- He/She/It did
- We did
- They did

To have (tener)

- I had
- You had
- He/She/It had
- We had
- They had

Preguntas y Negaciones en el Pasado Simple

Formación de Preguntas

Para formular preguntas en el pasado simple, utiliza el auxiliar **did** seguido del sujeto y el verbo en su forma base:

Preguntas de Sí/No:

- *Did you visit your grandparents?* (¿Visitaste a tus abuelos?)
- *Did she watch the movie?* (¿Ella vio la película?)

Preguntas WH:

- *What did you eat for breakfast?* (¿Qué comiste en el desayuno?)
- *Where did they go yesterday?* (¿Adónde fueron ayer?)

Negaciones

Para negar en el pasado simple, usa **did not** o su forma contraída **didn't** seguido del verbo en su forma base:

- *I did not watch TV last night.* (No vi televisión anoche.)
- *They didn't finish their homework.* (No terminaron su tarea.)

Ponlo en Práctica: Actividades para Dominar el Pasado Simple

Actividad 1: Completa las Oraciones

Llena los espacios en blanco con la forma correcta del pasado simple del verbo entre paréntesis:

1. *(visit)* She _______ her grandparents last weekend.
2. *(not watch)* We _______ TV yesterday.
3. *(eat)* _______ you _______ pizza for dinner?
4. *(go)* He _______ to the park after school.
5. *(study)* They _______ for the test all night.

Actividad 2: Convierte las Oraciones

Para cada oración afirmativa, escribe:

- una negación,
- una pregunta de sí/no, y
- una pregunta WH.

1. *She finished the project.*

Negación:

____

Pregunta Sí/No:

____

Pregunta WH:

____

2. *They played soccer in the park.*

Negación:

____

Pregunta Sí/No:

____

Pregunta WH:

____

3. *He bought a new car.*

Negación:

____

Pregunta Sí/No:

____

Pregunta WH:

____

Actividad 3: Encuentra y Corrige los Errores

Cada oración contiene uno o más errores. Encuentra y corrige cada uno escribiendo la versión correcta en la línea provista.

1. He didn't went to the party.

____

2. Did she eats breakfast?

____

3. They was happy yesterday.

____

El Pasado Progresivo: Acciones en Movimiento en el Pasado

Explicación del Tiempo Verbal: El Pasado Progresivo

El pasado progresivo, también conocido como pasado progresivo, se utiliza para describir acciones en curso que estaban sucediendo en un momento específico del pasado. Este tiempo verbal es fundamental para establecer el contexto, describir situaciones en desarrollo y enfatizar acciones interrumpidas.

Se forma con el verbo auxiliar **to be** en pasado
(was/were) seguido del gerundio del verbo principal
(forma -ing).

¿Cuándo usar el Pasado Progresivo?

**Acciones en Progreso en un Momento Específico
del Pasado:**

Se usa para enfatizar que algo estaba ocurriendo en
un tiempo definido.

- *She was studying at 8 PM.* (Ella estaba
  estudiando a las 8 PM.)
- *They were watching TV when I arrived.* (Ellos
  estaban viendo televisión cuando llegué.)

Acciones Interrumpidas:

Se usa para describir una acción en progreso que fue
interrumpida por otra acción en pasado simple.

- *I was reading when the phone rang.* (Estaba
  leyendo cuando sonó el teléfono.)
- *He was cooking dinner when the power went
  out.* (Estaba cocinando la cena cuando se fue
  la luz.)

Acciones Simultáneas en Progreso:

Describe dos o más acciones que estaban ocurriendo al mismo tiempo en el pasado.

- *She was painting while he was playing the guitar.* (Ella estaba pintando mientras él tocaba la guitarra.)
- *They were talking and laughing all evening.* (Estaban hablando y riendo toda la tarde.)

Uso del Pasado Progresivo en Inglés y Español

El pasado progresivo en inglés corresponde directamente al pasado progresivo en español (*estaba estudiando, estaban viendo*), ya que ambos tiempos describen acciones en curso en un momento específico del pasado. Sin embargo, el español ofrece una variación interesante: la combinación del imperfecto del verbo **ir** con un gerundio (*iban caminando*).

Esta construcción se utiliza en español para enfatizar el movimiento o el progreso de la acción y se limita generalmente a verbos de desplazamiento o avance, como *viajar, caminar, nadar,* o *progresar.* Por ejemplo:

- *They were walking. = Ellos iban caminando.*

- *We were swimming. = Nosotros íbamos nadando.*

En inglés, el pasado progresivo siempre requiere el uso del verbo auxiliar **to be** (was/were) con el gerundio, sin importar el tipo de acción descrita. Esto hace que el español tenga un matiz extra en su capacidad para expresar ciertas acciones en desarrollo con un enfoque más estilístico.

Ambos idiomas, sin embargo, usan el pasado progresivo como una herramienta poderosa para contextualizar narraciones, describir situaciones simultáneas y enfatizar acciones interrumpidas.

Conjugación Completa del Pasado Progresivo

El pasado progresivo combina el verbo **to be** en pasado con el gerundio del verbo principal.

Verbos Regulares

Para los verbos regulares, el gerundio se forma agregando **-ing** al verbo base.

Ejemplos clave:

To work (trabajar)

- I was working
- You were working
- He/She/It was working
- We were working
- They were working

To watch (mirar)

- I was watching
- You were watching
- He/She/It was watching
- We were watching
- They were watching

Verbos Irregulares

En el pasado progresivo, los verbos irregulares no presentan cambios en su forma de gerundio; todos siguen las mismas reglas que los regulares.

Ejemplos clave:

To go (ir)

- I was going
- You were going
- He/She/It was going
- We were going
- They were going

To do (hacer)

- I was doing
- You were doing
- He/She/It was doing
- We were doing
- They were doing

To have (tener)

- I was having
- You were having
- He/She/It was having
- We were having
- They were having

Preguntas y Negaciones en el Pasado Progresivo

Formación de Preguntas

Para formular preguntas en pasado progresivo, coloca el auxiliar **was** o **were** antes del sujeto, seguido del gerundio:

Preguntas de Sí/No:

- *Was she studying at 8 PM?* (¿Estaba ella estudiando a las 8 PM?)
- *Were they watching TV when you called?* (¿Estaban viendo televisión cuando llamaste?)

Preguntas WH:

- *What were you doing at midnight?* (¿Qué estabas haciendo a medianoche?)
- *Why was he running so fast?* (¿Por qué estaba corriendo tan rápido?)

Negaciones

Para negar algo, simplemente añade **not** después de **was** o **were**.

- *I was not watching TV.* (No estaba viendo televisión.)
- *They were not studying.* (No estaban estudiando.)

Formas Contraídas:

- *wasn't, weren't*

Ponlo en Práctica: Actividades para Dominar el Pasado Progresivo

Actividad 1: Completa las Oraciones

Llena los espacios en blanco con la forma correcta del pasado progresivo del verbo entre paréntesis:

1. *(study)* She _______ _______ when her phone rang.
2. *(not watch)* We _______ _______ TV at that time.
3. *(run)* He _______ _______ in the park when it started to rain.
4. *(work)* _______ you _______ late last night?
5. *(write)* What _______ they _______ when the teacher came in?

Actividad 2: Convierte las Oraciones

Para cada oración afirmativa, escribe:

- una negación,
- una pregunta de sí/no, y
- una pregunta WH.

1. *She was cleaning the house.*

Negación:

____

Pregunta Sí/No:

____

Pregunta WH:

____

2. *They were playing soccer.*

Negación:

____

Pregunta Sí/No:

____

Pregunta WH:

____

3. _He was reading a book._

Negación:

____

Pregunta Sí/No:

____

Pregunta WH:

____

Actividad 3: Encuentra y Corrige los Errores

Cada oración contiene uno o más errores. Encuentra y corrige cada uno escribiendo la versión correcta en la línea provista.

1. He weren't running fast.

____

2. Were she watching TV when he call?

____

3. They was playing games when we arrived.

____

El Pasado Perfecto: Conexiones entre el Pasado y el "Más Pasado"

Explicación del Tiempo Verbal: El Pasado Perfecto

El pasado perfecto, también conocido como **past perfect**, se utiliza para describir acciones que ocurrieron antes de otra acción o momento en el pasado. Este tiempo es esencial para establecer una línea temporal clara en las narraciones y enfatizar la secuencia de eventos. En otras palabras, nos ayuda a conectar el "pasado" con el "más pasado".

Se forma con el verbo auxiliar **to have** en pasado (had) seguido del participio pasado del verbo principal.

¿Cuándo usar el Pasado Perfecto?

Acciones que Ocurrieron antes de Otra Acción en el Pasado:

Se usa para indicar que una acción fue completada antes de que otra acción comenzara.

- *She had finished her homework before dinner.* (Ella había terminado su tarea antes de cenar.)
- *They had already left when we arrived.* (Ellos ya se habían ido cuando llegamos.)

Con Marcadores Temporales como "already," "just," y "never":

Estos marcadores enfatizan el momento exacto o el estado previo de una acción.

- *I had just finished my coffee when the meeting started.* (Acababa de terminar mi café cuando comenzó la reunión.)
- *She had never seen snow before moving to Canada.* (Nunca había visto nieve antes de mudarse a Canadá.)

Para Contextualizar Eventos en Narraciones:

Establece antecedentes claros en historias o explicaciones.

- *He didn't understand the movie because he hadn't read the book.* (No entendió la película porque no había leído el libro.)

Uso del Pasado Perfecto en Inglés y Español

El pasado perfecto en inglés es muy similar al **pluscuamperfecto** en español (*había comido, habían terminado*). Ambos idiomas lo usan para hablar de acciones completadas antes de un momento específico en el pasado.

En español, además de utilizar el verbo auxiliar *haber* en el pasado, también es posible usar *tener* como auxiliar en ciertos contextos específicos, aunque esto es menos común. Por el contrario, en inglés, el pasado perfecto siempre requiere el uso del verbo auxiliar *to have*.

Ejemplos:

- *She had already eaten. = Ella ya había comido.*

- *They had left when we called. = Ellos se habían ido cuando llamamos.*

En general, las estructuras y usos coinciden bastante, lo que facilita su aprendizaje para hispanohablantes.

Conjugación Completa del Pasado Perfecto

El pasado perfecto combina el verbo **to have** en pasado (had) con el participio pasado del verbo principal.

Verbos Regulares

Para los verbos regulares, el participio pasado se forma agregando **-ed** al verbo base.

Ejemplos clave:

To work (trabajar)

- I had worked
- You had worked
- He/She/It had worked
- We had worked
- They had worked

To watch (mirar)

- I had watched
- You had watched
- He/She/It had watched
- We had watched

- They had watched

Verbos Irregulares

En el pasado perfecto, los verbos irregulares utilizan su forma de participio pasado, que puede diferir del pasado simple. Es importante memorizar estas formas.

Ejemplos clave:

To go (ir)

- I had gone
- You had gone
- He/She/It had gone
- We had gone
- They had gone

To do (hacer)

- I had done
- You had done
- He/She/It had done
- We had done
- They had done

To see (ver)

- I had seen
- You had seen
- He/She/It had seen
- We had seen
- They had seen

Preguntas y Negaciones en el Pasado Perfecto

Formación de Preguntas

Para formular preguntas en pasado perfecto, coloca el auxiliar **had** antes del sujeto, seguido del participio pasado del verbo principal.

Preguntas de Sí/No:

- *Had she finished her homework before dinner?* (¿Había terminado su tarea antes de cenar?)
- *Had they already left when you called?* (¿Ya se habían ido cuando llamaste?)

Preguntas WH:

- *What had you done before arriving?* (¿Qué habías hecho antes de llegar?)
- *Why had he left so early?* (¿Por qué se había ido tan temprano?)

Negaciones

Para negar algo, simplemente añade **not** después de **had**.

- *I had not seen that movie before.* (No había visto esa película antes.)
- *She had not finished her work.* (No había terminado su trabajo.)

Formas Contraídas:

- *hadn't*

Ponlo en Práctica: Actividades para Dominar el Pasado Perfecto

Actividad 1: Completa las Oraciones

Llena los espacios en blanco con la forma correcta del pasado perfecto del verbo entre paréntesis:

1. *(finish)* She _______ _______ her homework before dinner.

2. *(not see)* I _______ _______ that movie before last night.

3. *(leave)* They _______ _______ when we arrived.

4. *(do)* What _______ you _______ before you moved here?

5. *(already start)* The meeting _______ _______ by the time I arrived.

Actividad 2: Convierte las Oraciones

Para cada oración afirmativa, escribe:

- una negación,
- una pregunta de sí/no, y
- una pregunta WH.

1. *She had cleaned the house.*

Negación:

____

Pregunta Sí/No:

____

Pregunta WH:

____

2. They had practiced their English.

Negación:

____

Pregunta Sí/No:

____

Pregunta WH:

____

3. He had written a letter.

Negación:

____

Pregunta Sí/No:

____

Pregunta WH:

____

Actividad 3: Encuentra y Corrige los Errores

Cada oración contiene uno o más errores. Encuentra y corrige cada uno escribiendo la versión correcta en la línea provista.

1. They hadn't ate breakfast before leaving.

   ____

2. Had she went to the store before the meeting?

   ____

3. He had see that movie twice.

   ____

El Pasado Perfecto Progresivo: La Duración en el Pasado del "Más Pasado"

Explicación del Tiempo Verbal: El Pasado Perfecto Progresivo

El pasado perfecto progresivo, también conocido como **past perfect continuous**, se utiliza para describir acciones continuas que comenzaron en el pasado y se extendieron hasta otro punto en el pasado. Este tiempo verbal es ideal para enfatizar la duración de una acción y su relevancia en una narrativa.

Se forma combinando el auxiliar **had** con **been** y el gerundio del verbo principal (forma -ing).

¿Cuándo usar el Pasado Perfecto Progresivo?

Acciones Continuas Previas a Otro Momento Pasado:

Este uso resalta la duración de una acción antes de otro evento.

- *She had been studying for hours before the test began.* (Ella había estado estudiando durante horas antes de que comenzara el examen.)
- *They had been working on the project when the deadline was extended.* (Habían estado trabajando en el proyecto cuando se extendió el plazo.)

Para Explicar Resultados Observables:

Se utiliza para destacar los efectos visibles de una acción continua.

- *He was exhausted because he had been running.* (Estaba exhausto porque había estado corriendo.)
- *The ground was wet; it had been raining.* (El suelo estaba mojado; había estado lloviendo.)

Uso del Pasado Perfecto Progresivo en Inglés y Español

El pasado perfecto progresivo en inglés tiene un equivalente directo en español con construcciones como **había estado + gerundio** (*había estado estudiando*). Ambos idiomas lo utilizan para describir duraciones o acciones continuas antes de otro momento pasado. Sin embargo, el español tiene cierta flexibilidad al usar solo el pasado perfecto simple (*había estudiado*) para algunos contextos.

Ejemplos:

- *She had been working all morning. = Ella había estado trabajando toda la mañana.*
- *They had been playing soccer for hours. = Ellos habían estado jugando fútbol durante horas.*

En ambos idiomas, este tiempo es clave para narraciones detalladas que requieren énfasis en la continuidad y la duración.

Conjugación Completa del Pasado Perfecto Progresivo

El pasado perfecto progresivo combina el auxiliar **had**, **been**, y el gerundio del verbo principal.

Verbos Regulares

Para los verbos regulares, el gerundio se forma agregando **-ing** al verbo base.

Ejemplos clave:

To work (trabajar)

- I had been working.
- You had been working.
- He/She/It had been working.
- We had been working.
- They had been working.

To watch (mirar)

- I had been watching.

- You had been watching.

- He/She/It had been watching.

- We had been watching.

- They had been watching.

Verbos Irregulares

En el pasado perfecto progresivo, los verbos irregulares no presentan cambios en su forma de gerundio.

Ejemplos clave:

To go (ir)

- I had been going.

- You had been going.

- He/She/It had been going.

- We had been going.

- They had been going.

To see (ver)

- I had been seeing.

- You had been seeing.

- He/She/It had been seeing.

- We had been seeing.

- They had been seeing.

To teach (enseñar)

- I had been teaching.

- You had been teaching.

- He/She/It had been teaching.

- We had been teaching.

- They had been teaching.

Preguntas y Negaciones en el Pasado Perfecto Progresivo

Formación de Preguntas

Para formular preguntas en pasado perfecto progresivo, coloca el auxiliar **had** antes del sujeto, seguido de **been** y el gerundio del verbo principal.

Preguntas de Sí/No:

- *Had she been studying for hours?* (¿Había estado estudiando durante horas?)

- *Had they been working on the project?* (¿Habían estado trabajando en el proyecto?)

Preguntas WH:

- *What had you been doing all morning?* (¿Qué habías estado haciendo toda la mañana?)
- *Why had he been running?* (¿Por qué había estado corriendo?)

Negaciones

Para negar algo, simplemente añade **not** después de **had**.

- *I had not been watching TV.* (No había estado viendo televisión.)
- *They had not been studying.* (No habían estado estudiando.)

Formas Contraídas:

- *hadn't been*

Ponlo en Práctica: Actividades para Dominar el Pasado Perfecto Progresivo

Actividad 1: Completa las Oraciones

Llena los espacios en blanco con la forma correcta del pasado perfecto progresivo del verbo entre paréntesis:

1. *(study)* She ___ ___ ___ for hours before the exam started.
2. *(not sleep)* I ___ ___ ___ well, so I was exhausted.
3. *(work)* They ___ ___ ___ on the report when the deadline was extended.
4. *(wait)* ___ you ___ ___ ___ long before the bus arrived?
5. *(rain)* It ___ ___ ___ all night, and the streets were flooded.

Actividad 2: Convierte las Oraciones

Para cada oración afirmativa, escribe:

- una negación,
- una pregunta de sí/no, y
- una pregunta WH.

1. *She had been cleaning the house.*

Negación:

____

Pregunta Sí/No:

____

Pregunta WH:

____

2. *They had been practicing their English.*

Negación:

____

Pregunta Sí/No:

____

Pregunta WH:

____

3. *He had been reading a book.*

Negación:

____

Pregunta Sí/No:

____

Pregunta WH:

____

Actividad 3: Encuentra y Corrige los Errores

Cada oración contiene uno o más errores. Encuentra y corrige cada uno escribiendo la versión correcta en la línea provista.

1. They hadn't been ate breakfast before leaving.

____

2. Had she been went to the store before the meeting?

____

3. He had been see that movie twice.

____

Imaginando el Mañana: Todo sobre los Tiempos Verbales del Futuro en Inglés

El Futuro Simple: Promesas, Predicciones y Planes

Explicación del Tiempo Verbal: El Futuro Simple

El futuro simple, conocido en inglés como **simple future**, se utiliza para hablar de acciones, eventos o decisiones que ocurrirán después del momento presente. Es un tiempo versátil que permite expresar predicciones, planes espontáneos, promesas y más.

En inglés, el futuro simple se forma utilizando el auxiliar **will** seguido del verbo base. Otra opción común es usar **going to** para expresar intenciones o predicciones basadas en evidencia presente.

¿Cuándo usar el Futuro Simple?

Predicciones:

Se utiliza para hablar de lo que crees que sucederá.

- *It will rain tomorrow.* (Lloverá mañana.)
- *She will be a great artist one day.* (Será una gran artista algún día.)

Decisiones Espontáneas:

Se usa para expresar decisiones tomadas en el momento.

- *I'll call you later.* (Te llamaré más tarde.)
- *We'll order pizza for dinner.* (Pediré pizza para la cena.)

Promesas, Ofrecimientos y Aseguramientos:

Expresa compromiso o intención.

- *I will help you with your homework.* (Te ayudaré con tu tarea.)
- *I promise I won't forget.* (Prometo que no olvidaré.)

Intenciones o Evidencia Presenta (con "Going To"):

Se usa "going to" para describir planes o predicciones basadas en evidencia visible.

- *I am going to study for the test tonight.* (Voy a estudiar para el examen esta noche.)
- *Look at those clouds; it's going to rain.* (Mira esas nubes; va a llover.)

Uso del Futuro Simple en Inglés y Español

En inglés, el futuro simple se construye siempre con un auxiliar (*will* o *going to*), mientras que en español, se forma agregando sufijos al verbo base (*cantaré, irás*) o con la estructura "ir + a + infinitivo" (*voy a cantar, vas a ir*).. Esto hace que el inglés tenga un enfoque más analítico y el español, uno más sintético.

Ejemplos:

- *She will travel next week. = Ella viajará la próxima semana.*
- *They are going to play soccer later. = Ellos van a jugar fútbol después.*

Aunque ambos idiomas tienen maneras similares de expresar el futuro, en inglés hay una mayor dependencia de los auxiliares para clarificar la acción futura.

Conjugación Completa del Futuro Simple

El futuro simple combina el auxiliar **will** con el verbo base o utiliza la estructura **to be + going to** seguido del verbo base.

Verbos Regulares

Para los verbos regulares, el verbo base no cambia.

Ejemplos clave:

To work (trabajar)

- I will work / I am going to work
- You will work / You are going to work
- He/She/It will work / He/She/It is going to work
- We will work / We are going to work
- They will work / They are going to work

To watch (mirar)

- I will watch / I am going to watch
- You will watch / You are going to watch
- He/She/It will watch / He/She/It is going to watch
- We will watch / We are going to watch

- They will watch / They are going to watch

Verbos Irregulares

En el futuro simple, los verbos irregulares no presentan cambios en su forma base, ya que **will** y **going to** funcionan igual para todos los verbos.

Ejemplos clave:

To go (ir)

- I will go / I am going to go
- You will go / You are going to go
- He/She/It will go / He/She/It is going to go
- We will go / We are going to go
- They will go / They are going to go

To do (hacer)

- I will do / I am going to do
- You will do / You are going to do
- He/She/It will do / He/She/It is going to do
- We will do / We are going to do
- They will do / They are going to do

To see (ver)

- I will see / I am going to see

- You will see / You are going to see

- He/She/It will see / He/She/It is going to see

- We will see / We are going to see

- They will see / They are going to see

Preguntas y Negaciones en el Futuro Simple

Formación de Preguntas

Para formular preguntas en futuro simple, coloca el auxiliar (**will** o **to be + going to**) antes del sujeto.

Preguntas de Sí/No:

- *Will you call me later?* (¿Me llamarás después?)

- *Are they going to study for the test?* (¿Van a estudiar para el examen?)

Preguntas WH:

- *What will you do tomorrow?* (¿Qué harás mañana?)

- *Where are they going to go?* (¿A dónde van a ir?)

Negaciones

Para negar algo, simplemente añade **not** después del auxiliar.

- *I will not go to the party.* (No iré a la fiesta.)
- *They are not going to play soccer.* (No van a jugar fútbol.)

Formas Contraídas:

- *won't*
- *isn't going to, aren't going to*

Ponlo en Práctica: Actividades para Dominar el Futuro Simple

Actividad 1: Completa las Oraciones

Llena los espacios en blanco con la forma correcta del futuro simple del verbo entre paréntesis:

1. *(call) She _________ _______ you later.*
2. *(not go) They _________ _______ to the party tomorrow.*
3. *(finish) We _________ _______ the project on time.*

4. (plan) She _________ _______ to visit her grandparents this weekend.

5. (rain) Look at those clouds; it _______ _______ soon.

Actividad 2: Convierte las Oraciones

Para cada oración afirmativa, escribe:

- una negación,
- una pregunta de sí/no, y
- una pregunta WH.

1. *She will clean the house.*

Negación:

____

Pregunta Sí/No:

____

Pregunta WH:

____

2. *They are going to practice their English.*

Negación:

____

Pregunta Sí/No:

____

Pregunta WH:

____

3. He will read a book.

Negación:

____

Pregunta Sí/No:

____

Pregunta WH:

____

Actividad 3: Encuentra y Corrige los Errores

Cada oración contiene uno o más errores. Encuentra y corrige cada uno escribiendo la versión correcta en la línea provista.

1. She will goes to the party tomorrow.

____

2. They are going play soccer after lunch.

____

3. Will he calling me later?

____

El Futuro Progresivo: Acciones en Movimiento en el Tiempo Futuro

Explicación del Tiempo Verbal: El Futuro Progresivo

El futuro progresivo, también conocido como **future continuous**, se utiliza para describir acciones que estarán ocurriendo en un momento específico del futuro. Este tiempo verbal combina el auxiliar **will be** con el gerundio del verbo principal (forma -ing). Alternativamente, también puede formarse con la estructura **to be going to be** seguida del gerundio, aunque su uso es menos común.

¿Cuándo usar el Futuro Progresivo?

Acciones en Progreso en el Futuro:

Se usa para describir acciones que estarán en curso en un momento particular del futuro.

- *At this time tomorrow, I will be flying to New York.* (A esta hora mañana, estaré volando a Nueva York.)
- *She will be working on the report all afternoon.* (Ella estará trabajando en el informe toda la tarde.)
- *She is going to be working on the report all afternoon.* (Ella va a estar trabajando en el informe toda la tarde.)

Acciones Futuras Planeadas:

Indica acciones que se han programado para el futuro.

- *We will be visiting our grandparents next weekend.* (Estaremos visitando a nuestros abuelos el próximo fin de semana.)
- *They are going to be presenting their project at 3 PM.* (Van a estar presentando su proyecto a las 3 PM.)

Cortesía o Expectativas:

Expresa cortesía o anticipación de algo en el futuro.

- *Will you be using the car later?* (¿Estarás usando el auto después?)

- *Are you going to be using the car later?* (¿Vas a estar usando el auto después?)
- *I hope you won't be waiting too long.* (Espero que no estés esperando demasiado tiempo.)

Uso del Futuro Progresivo en Inglés y Español

El futuro progresivo en inglés tiene un equivalente en español que utiliza el futuro simple del verbo **estar** combinado con el gerundio del verbo principal (*estaré estudiando, estará trabajando*), o también con la construcción **ir a estar** seguida del gerundio (*voy a estar estudiando*). Ambos idiomas lo usan para expresar continuidad en el futuro, aunque en español es menos común y puede ser sustituido por el presente progresivo con un marcador de tiempo futuro.

Ejemplos:

- *She will be studying at 8 PM. = Ella estará estudiando a las 8 PM.*
- *They are going to be driving to the airport tomorrow morning. = Ellos van a estar*

manejando al aeropuerto mañana por la

mañana.

Conjugación Completa del Futuro Progresivo

El futuro progresivo combina el auxiliar **will**, el verbo **be**, y el gerundio del verbo principal.

Verbos Regulares

Para los verbos regulares, el gerundio se forma agregando **-ing** al verbo base.

Ejemplos clave:

To work (trabajar)

- I will be working
- I am going to be working
- You will be working
- You are going to be working
- He/She/It will be working
- He/She/It is going to be working
- We will be working
- We are going to be working

- They will be working
- They are going to be working

Verbos Irregulares

En el futuro progresivo, los verbos irregulares no presentan cambios en su forma de gerundio.

Ejemplos clave:

To go (ir)

- I will be going
- I am going to be going
- You will be going
- You are going to be going
- He/She/It will be going
- He/She/It is going to be going
- We will be going
- We are going to be going
- They will be going
- They are going to be going

To do (hacer)

- I will be doing
- I am going to be doing

- You will be doing
- You are going to be doing
- He/She/It will be doing
- He/She/It is going to be doing
- We will be doing
- We are going to be doing
- They will be doing
- They are going to be doing

To write (escribir)

- I will be writing
- I am going to be writing
- You will be writing
- You are going to be writing
- He/She/It will be writing
- He/She/It is going to be writing
- We will be writing
- We are going to be writing
- They will be writing
- They are going to be writing

Preguntas y Negaciones en el Futuro Progresivo

Formación de Preguntas

Para formular preguntas en futuro progresivo, coloca el auxiliar **will** o la estructura **to be going to be** antes del sujeto.

Preguntas de Sí/No:

- *Will you be attending the meeting tomorrow?* (¿Estarás asistiendo a la reunión mañana?)
- *Are you going to be traveling during the holidays?* (¿Vas a estar viajando durante las vacaciones?)

Preguntas WH:

- *What will you be doing at 9 PM?* (¿Qué estarás haciendo a las 9 PM?)
- *Where are they going to be staying?* (¿Dónde van a estar quedándose?)

Negaciones

Para negar algo, simplemente añade **not** después de **will** o usa **to be not going to be**.

- *I will not be watching TV tonight.* (No estaré viendo televisión esta noche.)
- *They are not going to be working tomorrow morning.* (No van a estar trabajando mañana por la mañana.)

Formas Contraídas:

- *won't be*
- *isn't going to be, aren't going to be*

Ponlo en Práctica: Actividades para Dominar el Futuro Progresivo

Actividad 1: Completa las Oraciones

Llena los espacios en blanco con la forma correcta del futuro progresivo del verbo entre paréntesis:

1. *(study)* She _______ _______ _______ for her exams all night.
2. *(not work)* They _______ _______ _______ tomorrow morning.

3. *(travel)* We _______ _______ _______ to Europe this time next year.
4. *(watch)* _______ you _______ _______ the game tonight?
5. *(rain)* It _______ _______ _______ tomorrow afternoon.
6. *(not use)* I _______ _______ _______ the car later, so you can borrow it.

Actividad 2: Convierte las Oraciones

Para cada oración afirmativa, escribe:

- una negación,
- una pregunta de sí/no, y
- una pregunta WH.

1. *She is going to be cleaning the house.*

Negación:

____

Pregunta Sí/No:

____

Pregunta WH:

____

2. They will be practicing their English.

Negación:

____

Pregunta Sí/No:

____

Pregunta WH:

____

3. He is going to be reading a book.

Negación:

____

Pregunta Sí/No:

____

Pregunta WH:

____

Actividad 3: Encuentra y Corrige los Errores

Cada oración contiene uno o más errores. Encuentra y corrige cada uno escribiendo la versión correcta en la línea provista.

1. They won't been working on the project.

____

2. What is she be doing at this time tomorrow?

____

3. He is going be stays at home all day.

____

4. Will they be uses the meeting room?

____

5. We not will be arriving on time for the show.

____

El Futuro Perfecto: Completando Acciones Antes del Futuro

Explicación del Tiempo Verbal: El Futuro Perfecto

El futuro perfecto, también conocido como **future perfect**, se utiliza para describir acciones que habrán sido completadas en un momento específico del futuro. Este tiempo combina el auxiliar **will have** o la estructura **to be going to have**, seguido del participio pasado del verbo principal.

¿Cuándo usar el Futuro Perfecto?

Acciones Completadas Antes de un Momento Futuro:

- Este uso subraya que algo se terminará antes de un punto en el futuro.
- *By next year, she will have graduated from university.* (Para el próximo año, ella habrá terminado la universidad.)
- *By tomorrow, I am going to have finished the report.* (Para mañana, habré terminado el informe.)

Acciones con Plazos o Deadlines:

Se utiliza para hablar de tareas o metas que se completarán dentro de un marco de tiempo.

- *We will have submitted the project by Friday.* (Habrémos entregado el proyecto para el viernes.)

- *They are going to have built the house by December.* (Ellos habrán construido la casa para diciembre.)

Uso del Futuro Perfecto en Inglés y Español

En inglés, el futuro perfecto requiere el uso del auxiliar **will have** o **to be going to have**, seguido del participio pasado del verbo principal. En español, se utiliza el futuro perfecto formado por **haber** más el participio pasado.

Ejemplos:

- *I will have eaten by 8 PM. = Habré comido para las 8 PM.*
- *She is going to have finished the book by the weekend. = Ella habrá terminado el libro para el fin de semana.*

Tanto en inglés como en español, este tiempo verbal se usa para expresar acciones futuras completadas antes de otro evento o tiempo.

Conjugación Completa del Futuro Perfecto

El futuro perfecto combina el auxiliar **will have** o la estructura **to be going to have**, seguido del participio pasado del verbo principal.

Verbos Regulares

Para los verbos regulares, el participio pasado se forma agregando **-ed** al verbo base.

Ejemplos clave:

To work (trabajar)

- I will have worked
- I am going to have worked
- You will have worked
- You are going to have worked
- He/She/It will have worked
- He/She/It is going to have worked
- We will have worked
- We are going to have worked
- They will have worked
- They are going to have worked

Verbos Irregulares

Para los verbos irregulares, el participio pasado varía y debe memorizarse.

Ejemplos clave:

To go (ir)

- I will have gone
- I am going to have gone
- You will have gone
- You are going to have gone
- He/She/It will have gone
- He/She/It is going to have gone
- We will have gone
- We are going to have gone
- They will have gone
- They are going to have gone

To do (hacer)

- I will have done
- I am going to have done
- You will have done
- You are going to have done
- He/She/It will have done

- He/She/It is going to have done
- We will have done
- We are going to have done
- They will have done
- They are going to have done

Preguntas y Negaciones en el Futuro Perfecto

Formación de Preguntas

Para formular preguntas en futuro perfecto, coloca el auxiliar **will** o la estructura **to be going to** antes del sujeto.

Preguntas de Sí/No:

- *Will you have finished the assignment by 6 PM?* (¿Habrás terminado la tarea para las 6 PM?)
- *Are you going to have cleaned the house by Saturday?* (¿Vas a haber limpiado la casa para el sábado?)

Preguntas WH:

- *What will you have done by this evening?* (¿Qué habrás hecho para esta noche?)

- *Who is going to have arrived by then?* (¿Quién va a haber llegado para entonces?)

Negaciones

Para negar algo, simplemente añade **not** después de **will** o utiliza la estructura **to be not going to have**.

- *I will not have finished the project by the deadline.* (No habré terminado el proyecto para la fecha límite.)
- *They are not going to have repaired the car by tomorrow.* (No van a haber reparado el coche para mañana.)

Formas Contraídas:

- *won't have*
- *isn't going to have, aren't going to have*

Ponlo en Práctica: Actividades para Dominar el Futuro Perfecto

Actividad 1: Completa las Oraciones

Llena los espacios en blanco con la forma correcta del futuro perfecto del verbo entre paréntesis:

1. *(finish)* By this time tomorrow, she ________ ________ ________ her homework.
2. *(not arrive)* They ________ ________ ________ at the airport by noon.
3. *(read)* He ________ ________ ________ five books by the end of the month.
4. *(clean)* ________ you ________ ________ the house by Saturday?
5. *(graduate)* What ________ she ________ ________ from university by next year?

Actividad 2: Convierte las Oraciones

Para cada oración afirmativa, escribe:

- una negación,
- una pregunta de sí/no, y
- una pregunta WH.

1. *She will have cooked dinner by 7 PM.*

Negación:

____

Pregunta Sí/No:

____

Pregunta WH:

____

2. _They are going to have finished the project by Friday._

Negación:

____

Pregunta Sí/No:

____

Pregunta WH:

____

3. _He will have written the report by tomorrow morning._

Negación:

____

Pregunta Sí/No:

____

Pregunta WH:

____

Actividad 3: Encuentra y Corrige los Errores

Cada oración contiene uno o más errores. Encuentra y corrige cada uno escribiendo la versión correcta en la línea provista.

1. They won't has completed the task by then.

    ____

2. What will she have do by next week?

    ____

3. He is going have finished his presentation.

    ____

4. Will they have completes the construction?

    ____

5. She is going have forgot her keys by tomorrow morning.

    ____

El Futuro Perfecto Progresivo: Midiendo la Duración en el Futuro

Explicación del Tiempo Verbal: El Futuro Perfecto Progresivo

El futuro perfecto progresivo, también conocido como **future perfect continuous**, se utiliza para describir acciones continuas que habrán estado ocurriendo durante un periodo de tiempo antes de un momento específico en el futuro. Este tiempo combina el auxiliar **will have been** o la estructura **to be going to have been**, seguido del gerundio del verbo principal (forma -ing).

¿Cuándo usar el Futuro Perfecto Progresivo?

Duración de una Acción hasta un Momento Futuro:

Este uso subraya cómo una acción continuará ocurriendo durante un periodo de tiempo antes de un punto en el futuro.

- *By next year, she will have been studying English for five years.* (Para el próximo año, ella habrá estado estudiando inglés durante cinco años.)

- *By 10 PM, I am going to have been working for 12 hours.* (Para las 10 PM, habré estado trabajando durante 12 horas.)

Enfatizar la Duración en Metas o Proyectos Futuros:

Indica la duración de una actividad hasta que se logre una meta.

- *They will have been building the house for two years by December.* (Habrán estado construyendo la casa durante dos años para diciembre.)
- *We are going to have been preparing for the event all week.* (Vamos a haber estado preparándonos para el evento toda la semana.)

Uso del Futuro Perfecto Progresivo en Inglés y Español

En inglés, el futuro perfecto progresivo utiliza **will have been** o **to be going to have been** seguido del gerundio del verbo principal. En español, el equivalente directo sería una estructura con **haber estado** seguido del gerundio. La principal diferencia es que, en inglés, hay dos formas principales para conjugar este tiempo verbal (**will** y **going to**), mientras que en español solo se utiliza la forma con **haber**. Ambas lenguas, sin embargo, permiten expresar acciones continuas con duración hasta un punto específico en el futuro.

Ejemplos:

- *She will have been working here for ten years by next month. = Habrá estado trabajando aquí durante diez años para el próximo mes.*
- *I am going to have been practicing piano for hours by the time of the recital. = Habré estado practicando piano durante horas para el momento del recital.*

Conjugación Completa del Futuro Perfecto Progresivo

El futuro perfecto progresivo combina el auxiliar **will have been** o la estructura **to be going to have been**, seguido del gerundio del verbo principal.

Verbos Regulares

Para los verbos regulares, el gerundio se forma agregando **-ing** al verbo base.

Ejemplos clave:

To work (trabajar)

- I will have been working
- I am going to have been working
- You will have been working
- You are going to have been working
- He/She/It will have been working
- He/She/It is going to have been working
- We will have been working
- We are going to have been working
- They will have been working
- They are going to have been working

Verbos Irregulares

Para los verbos irregulares, el gerundio no cambia y sigue las mismas reglas que los verbos regulares.

Ejemplos clave:

To go (ir)

- I will have been going
- I am going to have been going
- You will have been going
- You are going to have been going
- He/She/It will have been going
- He/She/It is going to have been going
- We will have been going
- We are going to have been going
- They will have been going
- They are going to have been going

To do (hacer)

- I will have been doing
- I am going to have been doing
- You will have been doing
- You are going to have been doing

- He/She/It will have been doing
- He/She/It is going to have been doing
- We will have been doing
- We are going to have been doing
- They will have been doing
- They are going to have been doing

Preguntas y Negaciones en el Futuro Perfecto Progresivo

Formación de Preguntas

Para formular preguntas en futuro perfecto progresivo, coloca el auxiliar **will** o la estructura **to be going to** antes del sujeto.

Preguntas de Sí/No:

- *Will you have been studying for long by the time the test starts?* (¿Habrás estado estudiando mucho tiempo para cuando comience el examen?)
- *Are you going to have been traveling all day by then?* (¿Vas a haber estado viajando todo el día para entonces?)

Preguntas WH:

- *What will you have been doing by this evening?* (¿Qué habrás estado haciendo para esta noche?)
- *Why is she going to have been working so hard by the end of the week?* (¿Por qué va a haber estado trabajando tan duro para el final de la semana?)

Negaciones

Para negar algo, simplemente añade **not** después de **will** o utiliza la estructura **to be not going to have been**.

- *I will not have been practicing enough by the recital.* (No habré estado practicando lo suficiente para el recital.)
- *They are not going to have been working on the report for long.* (No van a haber estado trabajando en el informe por mucho tiempo.)

Formas Contraídas:

- *won't have been*

- *isn't going to have been, aren't going to have been*

Ponlo en Práctica: Actividades para Dominar el Futuro Perfecto Progresivo

Actividad 1: Completa las Oraciones

Llena los espacios en blanco con la forma correcta del futuro perfecto progresivo del verbo entre paréntesis:

1. *(study)* By this time tomorrow, she _______ _______ _______ _______ for her exams.
2. *(not work)* They _______ _______ _______ _______ on the project for long by the deadline.
3. *(travel)* He _______ _______ _______ _______ to different countries for years by the time he turns 40.
4. *(practice)* _______ you _______ _______ _______ _______ piano for hours by the recital?
5. *(learn)* What _______ she _______ _______ _______ _______ by the end of the course?

Actividad 2: Convierte las Oraciones

Para cada oración afirmativa, escribe:

- una negación,
- una pregunta de sí/no, y
- una pregunta WH.

1. *She will have been cooking dinner for two hours by 7 PM.*

Negación:

____

Pregunta Sí/No:

____

Pregunta WH:

____

2. *They are going to have been studying English for five years by next summer.*

Negación:

____

Pregunta Sí/No:

____

Pregunta WH:

____

3. *He will have been reading that book for a month by the time he finishes it.*

Negación:

____

Pregunta Sí/No:

____

Pregunta WH:

____

Actividad 3: Encuentra y Corrige los Errores (Completa)

1. They will has been working on the project for weeks.

2. What will she have been do by next month?

3. He are going to has been traveling to Europe.

4. Will they have been stays at the hotel by that time?

5. I am not going have been studying enough for the exam.

El Subjuntivo en Español y su Ausencia en Inglés

El subjuntivo es un modo verbal esencial en español que expresa deseo, duda, posibilidad, necesidad, emoción, y otras situaciones que no son hechos concretos. Aunque en inglés no existe un modo subjuntivo como tal, hay algunas frases arcaicas o formales en las que se podría considerar que aparece una forma similar. Sin embargo, en inglés moderno, estas expresiones son poco comunes y tienden a reemplazarse con construcciones más directas.

Top 10 Frases Arcaicas con "Subjuntivo" en Inglés y sus Traducciones al Español

1. God save the Queen! - *¡Que Dios salve a la Reina!*
2. If I were you... - *Si yo fuera tú...*
3. So be it. - *Así sea.*
4. Heaven forbid. - *Dios no lo quiera.*

5. Come what may. - *Pase lo que pase.*

6. Long live the King! - *¡Larga vida al Rey!*

7. Be that as it may.- *Sea como sea.*

8. If need be. - *Si es necesario.*

9. Far be it from me. - *Lejos esté de mí.*

10. Perish the thought. - *Ni pensarlo.*

Uso del Subjuntivo en Español y su Equivalente en Inglés

El subjuntivo se usa en español en una variedad de contextos, incluyendo:

- **Expresión de deseo o voluntad:**

  Quiero que estudies más. (I want you to study more.)

- **Duda o negación:**

  No creo que él venga. (I don't think he will come.)

- **Emociones:**

  Me alegra que estés aquí. (I'm glad you're here.)

- **Expresiones impersonales:**

  Es importante que hagas la tarea. (It's important that you do your homework.)

- **Condiciones hipotéticas:**

  Si tuviera dinero, viajaría por el mundo. (If I had money, I would travel the world.)

Apéndice A: Guía Completa de Conjugación de Verbos Regulares

Los verbos regulares en inglés tienen una estructura predecible que facilita su aprendizaje y uso. Este apéndice ofrece una guía completa para conjugar 5 verbos regulares y comunes en los 12 tiempos verbales del idioma inglés.

Cada sección incluye ejemplos afirmativos, negativos y preguntas de sí/no para ayudarte a entender cómo funcionan los verbos en diferentes contextos y con distintos sujetos. Esta guía es una herramienta esencial para reforzar tu dominio del inglés, brindándote claridad y confianza al construir oraciones.

¡Explora los tiempos verbales y prepárate para mejorar tu fluidez con esta práctica guía!

Verbo: To work (trabajar)

Tense	Affirmative	Negative	Y/N Question
Simple Present	I, you, we, they work he, she, it works	I, you, we, they do not work he, she, it does not work	Do I, you, we, they work? Does he, she, it work?
Present Progressive	I am working you, we, they are working he, she, it is working	I am not working you, we, they are not working he, she, it is not working	Am I working? Are you, we, they working? Is he, she, it working?
Simple Past	I, you, we, they, he, she, it worked	I, you, we, they, he, she, it did not work	Did I, you, we, they, he, she, it work?
Past Progressive	I, he, she, it was working you, we, they were working	I, he, she, it was not working you, we, they were not working	Was I, he, she, it working? Were you, we, they working?

Present Perfect	I, you, we, they have worked he, she, it has worked	I, you, we, they have not worked he, she, it has not worked	Have I, you, we, they worked? Has he, she, it worked?
Present Perfect Progressive	I, you, we, they have been working he, she, it has been working	I, you, we, they have not been working he, she, it has not been working	Have I, you, we, they been working? Has he, she, it been working?
Past Perfect	I, you, we, they, he, she, it had worked	I, you, we, they, he, she, it had not worked	Had I, you, we, they, he, she, it worked?
Past Perfect Progressive	I, you, we, they, he, she, it had been working	I, you, we, they, he, she, it had not been working	Had I, you, we, they, he, she, it been working?
Simple Future	I, you, we, they, he, she, it will work	I, you, we, they, he, she, it will not work	Will I, you, we, they, he, she, it work?
Future Progressive	I, you, we, they, he, she, it will be working	I, you, we, they, he, she, it will not be working	Will I, you, we, they, he, she, it be working?
Future Perfect	I, you, we, they, he, she, it will	I, you, we, they, he, she, it will	Will I, you, we, they, he, she, it have worked?

	have worked	not have worked	
Future Perfect Progressive	I, you, we, they, he, she, it will have been working	I, you, we, they, he, she, it will not have been working	Will I, you, we, they, he, she, it have been working?

Verbo: To play (jugar)

Tense	Affirmative	Negative	Y/N Question
Simple Present	I, you, we, they play he, she, it plays	I, you, we, they do not play he, she, it does not play	Do I, you, we, they play? Does he, she, it play?
Present Progressive	I am playing you, we, they are playing he, she, it is playing	I am not playing you, we, they are not playing he, she, it is not playing	Am I playing? Are you, we, they playing? Is he, she, it playing?
Simple Past	I, you, we, they, he, she, it played	I, you, we, they, he, she, it did not play	Did I, you, we, they, he, she, it play?
Past Progressive	I, he, she, it was playing you, we,	I, he, she, it was not playing you, we,	Was I, he, she, it playing? Were you, we, they playing?

	they were playing	they were not playing	
Present Perfect	I, you, we, they have played he, she, it has played	I, you, we, they have not played he, she, it has not played	Have I, you, we, they played? Has he, she, it played?
Present Perfect Progressive	I, you, we, they have been playing he, she, it has been playing	I, you, we, they have not been playing he, she, it has not been playing	Have I, you, we, they been playing? Has he, she, it been playing?
Past Perfect	I, you, we, they, he, she, it had played	I, you, we, they, he, she, it had not played	Had I, you, we, they, he, she, it played?
Past Perfect Progressive	I, you, we, they, he, she, it had been playing	I, you, we, they, he, she, it had not been playing	Had I, you, we, they, he, she, it been playing?
Simple Future	I, you, we, they, he, she, it will play	I, you, we, they, he, she, it will not play	Will I, you, we, they, he, she, it play?
Future Progressive	I, you, we, they, he, she, it will be playing	I, you, we, they, he, she, it will not be playing	Will I, you, we, they, he, she, it be playing?

Future Perfect	I, you, we, they, he, she, it will have played	I, you, we, they, he, she, it will not have played	Will I, you, we, they, he, she, it have played?
Future Perfect Progressive	I, you, we, they, he, she, it will have been playing	I, you, we, they, he, she, it will not have been playing	Will I, you, we, they, he, she, it have been playing?

Verbo: To talk (hablar)

Tense	Affirmative	Negative	Y/N Question
Simple Present	I, you, we, they talk he, she, it talks	I, you, we, they do not talk he, she, it does not talk	Do I, you, we, they talk? Does he, she, it talk?
Present Progressive	I am talking you, we, they are talking he, she, it is talking	I am not talking you, we, they are not talking he, she, it is not talking	Am I talking? Are you, we, they talking? Is he, she, it talking?
Simple Past	I, you, we, they, he, she, it talked	I, you, we, they, he, she, it did not talk	Did I, you, we, they, he, she, it talk?

Past Progressive	I, he, she, it was talking you, we, they were talking	I, he, she, it was not talking you, we, they were not talking	Was I, he, she, it talking? Were you, we, they talking?
Present Perfect	I, you, we, they have talked he, she, it has talked	I, you, we, they have not talked he, she, it has not talked	Have I, you, we, they talked? Has he, she, it talked?
Present Perfect Progressive	I, you, we, they have been talking he, she, it has been talking	I, you, we, they have not been talking he, she, it has not been talking	Have I, you, we, they been talking? Has he, she, it been talking?
Past Perfect	I, you, we, they, he, she, it had talked	I, you, we, they, he, she, it had not talked	Had I, you, we, they, he, she, it talked?
Past Perfect Progressive	I, you, we, they, he, she, it had been talking	I, you, we, they, he, she, it had not been talking	Had I, you, we, they, he, she, it been talking?
Simple Future	I, you, we, they, he, she, it will talk	I, you, we, they, he, she, it will not talk	Will I, you, we, they, he, she, it talk?

		I, you, we, they, he, she, it will not be talking	
Future Progressive	I, you, we, they, he, she, it will be talking		Will I, you, we, they, he, she, it be talking?
Future Perfect	I, you, we, they, he, she, it will have talked	I, you, we, they, he, she, it will not have talked	Will I, you, we, they, he, she, it have talked?
Future Perfect Progressive	I, you, we, they, he, she, it will have been talking	I, you, we, they, he, she, it will not have been talking	Will I, you, we, they, he, she, it have been talking?

Verb: To watch (mirar)

Tense	Affirmative	Negative	Y/N Question
Simple Present	I, you, we, they watch he, she, it watchs	I, you, we, they do not watch he, she, it does not watch	Do I, you, we, they watch? Does he, she, it watch?
Present Progressive	I am watching you, we, they are watching he, she, it is watching	I am not watching you, we, they are not watching he, she, it is not watching	Am I watching? Are you, we, they watching? Is he, she, it watching?

Simple Past	I, you, we, they, he, she, it watched	I, you, we, they, he, she, it did not watch	Did I, you, we, they, he, she, it watch?
Past Progressive	I, he, she, it was watching you, we, they were watching	I, he, she, it was not watching you, we, they were not watching	Was I, he, she, it watching? Were you, we, they watching?
Present Perfect	I, you, we, they have watched he, she, it has watched	I, you, we, they have not watched he, she, it has not watched	Have I, you, we, they watched? Has he, she, it watched?
Present Perfect Progressive	I, you, we, they have been watching he, she, it has been watching	I, you, we, they have not been watching he, she, it has not been watching	Have I, you, we, they been watching? Has he, she, it been watching?
Past Perfect	I, you, we, they, he, she, it had watched	I, you, we, they, he, she, it had not watched	Had I, you, we, they, he, she, it watched?
Past Perfect Progressive	I, you, we, they, he, she, it had been watching	I, you, we, they, he, she, it had not been watching	Had I, you, we, they, he, she, it been watching?

	I, you, we, they, he, she, it will watch	I, you, we, they, he, she, it will not watch	Will I, you, we, they, he, she, it watch?
Simple Future	I, you, we, they, he, she, it will watch	I, you, we, they, he, she, it will not watch	Will I, you, we, they, he, she, it watch?
Future Progressive	I, you, we, they, he, she, it will be watching	I, you, we, they, he, she, it will not be watching	Will I, you, we, they, he, she, it be watching?
Future Perfect	I, you, we, they, he, she, it will have watched	I, you, we, they, he, she, it will not have watched	Will I, you, we, they, he, she, it have watched?
Future Perfect Progressive	I, you, we, they, he, she, it will have been watching	I, you, we, they, he, she, it will not have been watching	Will I, you, we, they, he, she, it have been watching?

Verb: To clean (limpiar)

Tense	Affirmative	Negative	Y/N Question
Simple Present	I, you, we, they clean he, she, it cleans	I, you, we, they do not clean he, she, it does not clean	Do I, you, we, they clean? Does he, she, it clean?
Present Progressive	I am cleaning you, we, they are cleaning	I am not cleaning you, we, they are not	Am I cleaning? Are you, we, they cleaning? Is he, she, it cleaning?

	he, she, it is cleaning	cleaning he, she, it is not cleaning	
Simple Past	I, you, we, they, he, she, it cleaned	I, you, we, they, he, she, it did not clean	Did I, you, we, they, he, she, it clean?
Past Progressive	I, he, she, it was cleaning you, we, they were cleaning	I, he, she, it was not cleaning you, we, they were not cleaning	Was I, he, she, it cleaning? Were you, we, they cleaning?
Present Perfect	I, you, we, they have cleaned he, she, it has cleaned	I, you, we, they have not cleaned he, she, it has not cleaned	Have I, you, we, they cleaned? Has he, she, it cleaned?
Present Perfect Progressive	I, you, we, they have been cleaning he, she, it has been cleaning	I, you, we, they have not been cleaning he, she, it has not been cleaning	Have I, you, we, they been cleaning? Has he, she, it been cleaning?
Past Perfect	I, you, we, they, he, she, it had cleaned	I, you, we, they, he, she, it had not cleaned	Had I, you, we, they, he, she, it cleaned?

Past Perfect Progressive	I, you, we, they, he, she, it had been cleaning	I, you, we, they, he, she, it had not been cleaning	Had I, you, we, they, he, she, it been cleaning?
Simple Future	I, you, we, they, he, she, it will clean	I, you, we, they, he, she, it will not clean	Will I, you, we, they, he, she, it clean?
Future Progressive	I, you, we, they, he, she, it will be cleaning	I, you, we, they, he, she, it will not be cleaning	Will I, you, we, they, he, she, it be cleaning?
Future Perfect	I, you, we, they, he, she, it will have cleaned	I, you, we, they, he, she, it will not have cleaned	Will I, you, we, they, he, she, it have cleaned?
Future Perfect Progressive	I, you, we, they, he, she, it will have been cleaning	I, you, we, they, he, she, it will not have been cleaning	Will I, you, we, they, he, she, it have been cleaning?

Apéndice B: Domina los Verbos Irregulares en Todos los Tiempos

En esta tabla encontrarás todos los verbos irregulares en inglés, organizados en orden alfabético para facilitar su consulta. Cada verbo incluye su forma base (infinitivo), pasado simple y participio pasado. Estos tres pilares son fundamentales para construir oraciones correctamente en los 12 tiempos verbales que hemos explorado en este libro.

El infinitivo y el pasado simple te ayudarán a crear oraciones en tiempos simples, como el pasado simple o el futuro simple. Por su parte, los participios pasados serán tus aliados en tiempos compuestos, como el presente perfecto, el pasado perfecto y el futuro perfecto.

Recuerda que esta tabla no es solo una referencia: es una herramienta para practicar y reforzar tu conocimiento de los verbos irregulares. Familiarízate con sus formas y úsalos con confianza al escribir o hablar en inglés. ¡Con cada verbo que domines, estarás un paso más cerca de alcanzar la fluidez que buscas!

Tabla de Verbos Irregulares en Inglés

Infinitive (Infinitivo)	Simple Past (Pasado Simple)	Past Participle (Participio Pasado)
abide	abode	abode
arise	arose	arisen
awake	awoke	awoken
be	was/were	been
bear	bore	borne/born
beat	beat	beaten
become	became	become
beget	begat/begot	begotten
begin	began	begun
bend	bent	bent
bet	bet	bet
bid	bid/bade	bid/bidden
bite	bit	bitten
bleed	bled	bled
blow	blew	blown
break	broke	broken
bring	brought	brought
broadcast	broadcast	broadcast
build	built	built
burn	burnt/burned	burnt/burned
burst	burst	burst
buy	bought	bought
can	could	could
cast	cast	cast
catch	caught	caught
chide	chid/chode	chid/chidden

choose	chose	chosen
cling	clung	clung
clothe	clad/clothed	clad/clothed
come	came	come
cost	cost	cost
creep	crept	crept
cut	cut	cut
deal	dealt	dealt
dig	dug	dug
dive	dived/dove	dived
do	did	done
draw	drew	drawn
dream	dreamt/dreamed	dreamt/dreamed
drink	drank	drunk
drive	drove	driven
dwell	dwelt/dwelled	dwelt/dwelled
eat	ate	eaten
fall	fell	fallen
feed	fed	fed
feel	felt	felt
fight	fought	fought
find	found	found
flee	fled	fled
fling	flung	flung
fly	flew	flown
forbid	forbade	forbidden
forecast	forecast	forecast
foresee	foresaw	foreseen
forget	forgot	forgotten/forgot
forgive	forgave	forgiven
forsake	forsook	forsaken
freeze	froze	frozen
get	got	got/gotten

give	gave	given
go	went	gone
grind	ground	ground
grow	grew	grown
hang	hung	hung
have	had	had
hear	heard	heard
hide	hid	hidden
hit	hit	hit
hold	held	held
hurt	hurt	hurt
keep	kept	kept
kneel	knelt/kneeled	knelt/kneeled
know	knew	known
lay	laid	laid
lead	led	led
lean	leant/leaned	leant/leaned
leap	leapt/leaped	leapt/leaped
learn	learnt/learned	learnt/learned
leave	left	left
lend	lent	lent
let	let	let
lie	lay	lain
light	lit/lighted	lit/lighted
lose	lost	lost
make	made	made
mean	meant	meant
meet	met	met
mow	mowed	mown
offset	offset	offset
overcome	overcame	overcome
partake	partook	partaken
pay	paid	paid

plead	pled/pleaded	pled/pleaded
preset	preset	preset
prove	proved	proven/proved
put	put	put
quit	quit	quit
read	read	read
relay	relaid	relaid
rend	rent	rent
rid	rid	rid
ring	rang	rung
rise	rose	risen
run	ran	run
saw	sawed	sawn/sawed
say	said	said
see	saw	seen
seek	sought	sought
sell	sold	sold
send	sent	sent
set	set	set
shake	shook	shaken
shed	shed	shed
shine	shone	shone
shoe	shod	shod
shoot	shot	shot
show	showed	shown
shut	shut	shut
sing	sang	sung
sink	sank	sunk/sunken
sit	sat	sat
slay	slew	slain
sleep	slept	slept
slide	slid	slid
slit	slit	slit

smell	smelt/smelled	smelt/smelled
sow	sowed	sown/sowed
speak	spoke	spoken
speed	sped	sped
spell	spelt	spelt/spelled
spend	spent	spent
spill	spilt/spilled	spilt/spilled
spin	spun	spun
spit	spat	spat
split	split	split
spoil	spoilt/spoiled	spoilt/spoiled
spread	spread	spread
spring	sprang	sprung
stand	stood	stood
steal	stole	stolen
stick	stuck	stuck
sting	stung	stung
stink	stank	stunk
strew	strewed	strewn/strewed
strike	struck	stricken/struck
strive	strove	striven
swear	swore	sworn
sweat	sweat/sweated	sweat/sweated
sweep	swept	swept
swell	swelled	swollen
swim	swam	swum
swing	swung	swung
take	took	taken
teach	taught	taught
tear	tore	torn
tell	told	told
think	thought	thought
thrive	throve/thrived	thriven/thrived

throw	threw	thrown
thrust	thrust	thrust
typeset	typeset	typeset
undergo	underwent	undergone
understand	understood	understood
wake	woke	woken
wear	wore	worn
weep	wept	wept
wet	wet/wetted	wet/wetted
win	won	won
wind	wound	wound
withdraw	withdrew	withdrawn
wring	wrung	wrung
write	wrote	written

Apéndice C: Claves de Respuesta para las Actividades

Clave de Respuestas: Ponlo en Práctica: Actividades para Dominar el Presente Simple

Actividad 1

1. goes
2. do not like / don't like
3. Do, watch
4. chases
5. Does, play

Actividad 2

1a Frase:

Negación: He does not work at the hospital.

Pregunta Sí/No: Does he work at the hospital?

Pregunta WH: Where does he work?

2a Frase:

Negación: They do not visit their grandparents on weekends.

Pregunta Sí/No: Do they visit their grandparents on weekends?

Pregunta WH: When do they visit their grandparents?

3a Frase:

Negación: Maria does not study English every day.

Pregunta Sí/No: Does Maria study English every day?

Pregunta WH: How often does Maria study English?

Actividad 3

1. He doesn't like pizza.
2. Does she walk to school every day?
3. They don't play basketball.

Clave de Respuestas: Ponlo en Práctica: Actividades para Dominar el Presente Progresivo

Actividad 1

1. is studying
2. are not working / aren't working
3. Are, playing
4. is going
5. are, watching

Actividad 2

1a Frase

Negación: She is not cooking dinner.

Pregunta Sí/No: Is she cooking dinner?

Pregunta WH: What is she cooking?

2a Frase

Negación: They are not practicing the piano.

Pregunta Sí/No: Are they practicing the piano?

Pregunta WH: What are they practicing?

3a Frase

Negación: He is not reading a book.

Pregunta Sí/No: Is he reading a book?

Pregunta WH: What is he reading?

Actividad 3

1. She is not writing a letter.
2. What are you doing right now?
3. They aren't playing football outside.

Clave de Respuestas: Ponlo en Práctica: Actividades para Dominar el Presente Perfecto

Actividad 1

1. has read
2. have not visited / haven't visited
3. Have, eaten
4. has traveled
5. have seen

Actividad 2

1a Frase

Negación: She has not cleaned the house.

Pregunta Sí/No: Has she cleaned the house?

Pregunta WH: What has she cleaned?

2a Frase

Negación: They have not visited New York.

Pregunta Sí/No: Have they visited New York?

Pregunta WH: Where have they visited?

3a Frase

Negación: He has not written a letter.

Pregunta Sí/No: Has he written a letter?

Pregunta WH: What has he written?

Actividad 3

1. They have finished the project.
2. Have you spoken to her yet?
3. I have never been to that restaurant.

Clave de Respuestas: Ponlo en Práctica: Actividades para Dominar el Presente Perfecto Progresivo

Actividad 1

1. has been reading
2. have been working

3. has not been sleeping / hasn't been sleeping

4. Have, been waiting

5. has, been studying

Actividad 2

1a Frase

Negación: She has not been cleaning the house.

Pregunta Sí/No: Has she been cleaning the house?

Pregunta WH: What has she been cleaning?

2a Frase

Negación: They have not been practicing their English.

Pregunta Sí/No: Have they been practicing their English?

Pregunta WH: What have they been practicing?

3a Frase

Negación: He has not been watching TV.

Pregunta Sí/No: Has he been watching TV?

Pregunta WH: What has he been watching?

Actividad 3

1. He hasn't been working hard lately.
2. What have they been doing all morning?
3. They have been playing football since lunchtime.

Clave de Respuestas: Ponlo en Práctica: Actividades para Dominar el Pasado Simple

Actividad 1

1. visited
2. didn't watch
3. Did, eat
4. went
5. studied

Actividad 2

1a Frase

Negación: She did not finish the project.

Pregunta Sí/No: Did she finish the project?

Pregunta WH: What did she finish?

2a Frase

Negación: They did not play soccer in the park.

Pregunta Sí/No: Did they play soccer in the park?

Pregunta WH: Where did they play soccer?

3a Frase

Negación: He did not buy a new car.

Pregunta Sí/No: Did he buy a new car?

Pregunta WH: What did he buy?

Actividad 3

1. He didn't go to the party.
2. Did she eat breakfast?
3. They were happy yesterday.

Clave de Respuestas: Ponlo en Práctica: Actividades para Dominar el Pasado Progresivo

Actividad 1

1. was studying
2. weren't watching

3. was running

4. Were, working

5. were, writing

Actividad 2

1a Frase

Negación: She was not cleaning the house.

Pregunta Sí/No: Was she cleaning the house?

Pregunta WH: What was she cleaning?

2a Frase

Negación: They were not playing soccer.

Pregunta Sí/No: Were they playing soccer?

Pregunta WH: Where were they playing?

3a Frase

Negación: He was not reading a book.

Pregunta Sí/No: Was he reading a book?

Pregunta WH: What was he reading?

Actividad 3

1. He wasn't running fast.
2. Was she watching TV when he called?
3. They were playing games when we arrived.

Clave de Respuestas: Ponlo en Práctica: Actividades para Dominar el Pasado Perfecto

Actividad 1: Completa las Oraciones

1. had finished
2. had not seen
3. had left
4. had you done
5. had already started

Actividad 2: Convierte las Oraciones

1a Frase

Negación: She had not cleaned the house.

Pregunta Sí/No: Had she cleaned the house?

Pregunta WH: What had she cleaned?

2a Frase

Negación: They had not practiced their English.

Pregunta Sí/No: Had they practiced their English?

Pregunta WH: What had they practiced?

3a Frase

Negación: He had not written a letter.

Pregunta Sí/No: Had he written a letter?

Pregunta WH: What had he written?

Actividad 3: Encuentra y Corrige los Errores

1. They hadn't eaten breakfast before leaving.
2. Had she gone to the store before the meeting?
3. He had seen that movie twice.

Clave de Respuestas: Ponlo en Práctica: Actividades para Dominar el Pasado Perfecto Progresivo

Actividad 1: Completa las Oraciones

1. had been studying
2. had not been sleeping

3. had been working

4. had you been waiting

5. had been raining

Actividad 2: Convierte las Oraciones

1a Frase

Negación: She had not been cleaning the house.

Pregunta Sí/No: Had she been cleaning the house?

Pregunta WH: What had she been cleaning?

2a Frase

Negación: They had not been practicing their English.

Pregunta Sí/No: Had they been practicing their English?

Pregunta WH: What had they been practicing?

3a Frase

Negación: He had not been reading a book.

Pregunta Sí/No: Had he been reading a book?

Pregunta WH: What had he been reading?

Actividad 3: Encuentra y Corrige los Errores

1. They hadn't been eating breakfast before leaving.
2. Had she been going to the store before the meeting?
3. He had been seeing that movie twice.

Clave de Respuestas: Ponlo en Práctica: Actividades para Dominar el Futuro Simple

Actividad 1: Completa las Oraciones

1. She will call you later.
2. They will not go to the party tomorrow.
3. We will finish the project on time.
4. She is going to visit her grandparents this weekend.
5. Look at those clouds; it is going to rain soon.

Actividad 2: Convierte las Oraciones

1a Frase

Negación: She will not clean the house.

Pregunta Sí/No: Will she clean the house?

Pregunta WH: What will she clean?

2a Frase

Negación: They are not going to practice their English.

Pregunta Sí/No: Are they going to practice their English?

Pregunta WH: What are they going to practice?

3a Frase

Negación:. He will not read a book.

Pregunta Sí/No: Will he read a book?

Pregunta WH: What will he read?

Actividad 3: Encuentra y Corrige los Errores

1. She will go to the party tomorrow.
2. They are going to play soccer after lunch.
3. Will he call me later?

Clave de Respuestas: Ponlo en Práctica: Actividades para Dominar el Futuro Progresivo

Actividad 1: Completa las Oraciones

1. She will be studying for her exams all night.
2. They will not be working tomorrow morning.
3. We will be traveling to Europe this time next year.
4. Will you be watching the game tonight?
5. It will be raining tomorrow afternoon.
6. I am not going to be using the car later, so you can borrow it.

Actividad 2: Convierte las Oraciones

1a Frase

Negación: She is not going to be cleaning the house.

Pregunta Sí/No: Is she going to be cleaning the house?

Pregunta WH: What is she going to be cleaning?

2a Frase

Negación: They will not be practicing their English.

Pregunta Sí/No: Will they be practicing their English?

Pregunta WH: What will they be practicing?

3a Frase

Negación: He is not going to be reading a book.

Pregunta Sí/No: Is he going to be reading a book?

Pregunta WH: What is he going to be reading?

Actividad 3: Encuentra y Corrige los Errores

1. They won't be working on the project.
2. What will she be doing at this time tomorrow?
3. He is going to be staying at home all day.
4. Will they be using the meeting room?
5. We will not be arriving on time for the show.

Clave de Respuestas: Ponlo en Práctica: Actividades para Dominar el Futuro Perfecto

Actividad 1: Completa las Oraciones

1. *(finish)* By this time tomorrow, she will have finished her homework.

2. *(not arrive)* They will not have arrived at the airport by noon.
3. *(read)* He will have read five books by the end of the month.
4. *(clean)* Will you have cleaned the house by Saturday?
5. *(graduate)* What will she have graduated from university by next year?

Actividad 2: Convierte las Oraciones

1a Frase

Negación: She will not have cooked dinner by 7 PM.

Pregunta Sí/No: Will she have cooked dinner by 7 PM?

Pregunta WH: What will she have cooked by 7 PM?

2a Frase

Negación: They are not going to have finished the project by Friday.

Pregunta Sí/No: Are they going to have finished the project by Friday?

Pregunta WH: When are they going to have finished the project?

3a Frase

Negación: He will not have written the report by tomorrow morning.

Pregunta Sí/No: Will he have written the report by tomorrow morning?

Pregunta WH: What will he have written by tomorrow morning?

Actividad 3: Encuentra y Corrige los Errores

1. They won't have completed the task by then.
2. What will she have done by next week?
3. He is going to have finished his presentation.
4. Will they have completed the construction?
5. She is going to have forgotten her keys by tomorrow morning.

Clave de Respuestas: Ponlo en Práctica: Actividades para Dominar el Futuro Perfecto Continuo

Actividad 1: Completa las Oraciones

1. *(study)* By this time tomorrow, she will have been studying for her exams.
2. *(not work)* They will not have been working on the project for long by the deadline.
3. *(travel)* He will have been traveling to different countries for years by the time he turns 40.
4. *(practice)* Will you have been practicing piano for hours by the recital?
5. *(learn)* What will she have been learning by the end of the course?

Actividad 2: Convierte las Oraciones

1a Frase

Negación: She will not have been cooking dinner for two hours by 7 PM.

Pregunta Sí/No: Will she have been cooking dinner for two hours by 7 PM?

Pregunta WH: What will she have been cooking for two hours by 7 PM?

2a Frase

Negación: They are not going to have been studying English for five years by next summer.

Pregunta Sí/No: Are they going to have been studying English for five years by next summer?

Pregunta WH: How long are they going to have been studying English by next summer?

3a Frase

Negación: He will not have been reading that book for a month by the time he finishes it.

Pregunta Sí/No: Will he have been reading that book for a month by the time he finishes it?

Pregunta WH: How long will he have been reading that book by the time he finishes it?

Actividad 3: Encuentra y Corrige los Errores

1. They will have been working on the project for weeks.

2. What will she have been doing by next month?

3. He is going to have been traveling to Europe.

4. Will they have been staying at the hotel by that time?

5. I am not going to have been studying enough for the exam.

Apéndice D: Episodios del Podcast: Tu Guía de Audio

Este apéndice reúne enlaces a episodios clave del podcast **BE Inglés - Escucha y Aprende en Spotify**, organizados para complementar los temas de este libro. Cada episodio profundiza en los tiempos verbales y conceptos gramaticales cubiertos aquí,

brindándote ejemplos adicionales, explicaciones
detalladas y actividades auditivas para reforzar tu
aprendizaje. ¡Escucha, aprende y lleva tu inglés al
siguiente nivel!

Episodio	Lazo QR
G25. Es presente simple	
G26. El presente progresivo	
G27. El presente perfecto	

G28. El presente perfecto continuo	
G29. El pasado simple	
G30. El pasado continuo	
G31. El pasado perfecto	

G32. El pasado perfecto continuo	
G33. El futuro simple	
G34. El futuro continuo	
G35. El futuro perfecto	

<table>
<tr><td>G36. El futuro perfecto continuo</td><td></td></tr>
</table>

Cerrando el Ciclo: Tu Viaje con los Tiempos Verbales

Llegar al final de este libro no es solo el cierre de una lectura, sino el comienzo de una nueva etapa en tu aprendizaje del inglés. Ahora tienes las herramientas para entender, usar y dominar los tiempos verbales con confianza y precisión, elementos fundamentales para comunicarte de manera efectiva y auténtica.

Cada capítulo, actividad y ejemplo ha sido diseñado para guiarte a través de un viaje lingüístico que conecta el pasado, el presente y el futuro. Pero recuerda, el aprendizaje de un idioma no es un destino, sino un proceso continuo. Usa este libro como un recurso al que regresar, como un mapa que te ayuda a navegar por los matices de la lengua inglesa.

Más allá de las reglas y las conjugaciones, lo que realmente importa es cómo el lenguaje te permite conectarte con el mundo. Ya sea escribiendo un correo profesional, compartiendo tus ideas en una reunión o simplemente disfrutando de una conversación con un amigo, el inglés es una llave que abre puertas.

Gracias por permitirme acompañarte en este viaje. Continúa explorando, practicando y, sobre todo, disfrutando de cada momento en tu camino hacia la fluidez.

¡El mundo te espera, y ahora tienes las palabras para conquistarlo!

www.ingramcontent.com/pod-product-compliance
Lightning Source LLC
Chambersburg PA
CBHW051605250726